DE
LA CONSTRUCTION
DES
MAISONS D'ÉCOLE PRIMAIRE.

DE
LA CONSTRUCTION
DES
MAISONS D'ÉCOLE PRIMAIRE.

DE

LA CONSTRUCTION

DES

MAISONS D'ÉCOLE PRIMAIRE ;

OUVRAGE CONTENANT :

Des Projets descriptifs et estimatifs pour six Maisons d'École, adaptées à différentes localités, avec les détails de leur exécution et la disposition des classes ; 2° un Projet descriptif pour une École Normale primaire ; 3° des Notions sur la Ventilation et le Chauffage des classes ; 4° un Modèle de Gymnase avec la Description des Machines, etc.,

PAR A. BOUILLON, ARCHITECTE.

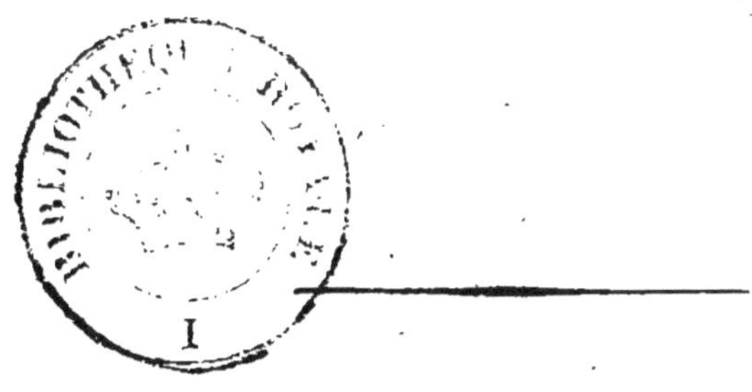

PARIS,

LIBRAIRIE CLASSIQUE ET ÉLÉMENTAIRE DE L. HACHETTE,

ANCIEN ÉLÈVE DE L'ÉCOLE NORMALE,

rue Pierre-Sarrazin, n° 12.

1834.

DE

LA CONSTRUCTION

DES

MAISONS D'ÉCOLE PRIMAIRE;

OUVRAGE CONTENANT :

Des Projets descriptifs et estimatifs pour six Maisons d'École, adaptées à différentes localités, avec les détails de leur exécution et la disposition des classes; 2° un Projet de [illegible] pour une [illegible] [illegible] des Notions sur la Ventilation et le chauffage des classes [illegible] avec la Description des Machines, etc.,

PAR A. BOUILLON, ARCHITECTE.

PARIS,

LIBRAIRIE CLASSIQUE ET ÉLÉMENTAIRE DE L. HACHETTE,

[illegible] PRÈS DE L'ÉCOLE NORMALE,

[illegible] Pierre-Sarrazin, n° 12.

1834.

PRÉFACE.

L'ARTICLE 13 de l'Ordonnance royale du 16 juillet 1833 porte que divers plans d'Écoles primaires, accompagnés de devis estimatifs détaillés, seront dressés par les soins du Ministre de l'Instruction publique et déposés au Secrétariat des Préfectures, des Sous-Préfectures, des Mairies des chefs-lieux de canton, et des Comités d'arrondissement, ainsi qu'au secrétariat de chaque Académie.

L'ouvrage que nous offrons au public a été approuvé par M. le Ministre de l'Instruction publique, et va être répandu par ses ordres, conformément à l'Ordonnance royale précitée.

Notre première intention était de nous borner à la publication de six Projets de Maisons d'École, applicables à toutes les localités, depuis la commune rurale la plus petite jusqu'au chef-lieu du département; mais notre sujet s'est agrandi. Nous avons compris qu'il fallait, sous peine d'être incomplet, entrer dans des détails sur la distribution intérieure de la classe, et sur chacune des parties qui composent l'Ecole.

On va construire des Maisons d'École normale primaire dans les chefs-lieux de département; nous avons dû présenter le Plan d'une grande École de ce genre.

La Gymnastique fait partie d'un bon système d'éducation ; nous offrons le dessin des machines qui sont le plus ordinairement employées. La Gymnastique du Collége royal de Louis-le-Grand, et celle qui est dirigée par le colonel Amoros, nous ont fourni ce que l'on peut désirer pour l'Ecole la mieux tenue.

Il existe à Paris des constructions récentes d'Ecoles ; nous avons pu les étudier avec soin, consulter les instituteurs pour connaître les inconvénients qu'ils avaient remarqués dans la distribution, éviter par conséquent de retomber dans les mêmes fautes. Nos plans, ainsi amendés, ont été soumis à l'examen des Membres du Conseil royal, et approuvés par M. le Ministre de l'Instruction publique. Nous pouvons donc croire que les communes où ils seront adoptés trouveront dans notre travail *économie*, *garantie* et *uniformité*.

DE

LA CONSTRUCTION

DES

MAISONS D'ÉCOLE PRIMAIRE.

PREMIÈRE PARTIE.

PROJETS DESCRIPTIFS ET ESTIMATIFS.

PROJET N° 1 (Pl. I, fig. 1, 2, 3, 4 et 5).

MAISON D'ÉCOLE

Pour 80 enfans, garçons et filles réunis.

« Il serait à désirer que les filles pussent aussi fréquenter, « dans les campagnes, les Ecoles primaires. Les pré- « cautions les plus simples préviennent toute espèce de « danger. L'instruction des filles deviendrait par là tout « aussi universelle que celle des garçons. Mais en persi- « stant, contre l'expérience elle-même, dans cette erreur « si répandue, que les enfans du sexe ne peuvent recevoir « l'instruction que dans les Ecoles tenues exclusivement « par des femmes, le problème de l'éducation des filles « sur une grande échelle est à peu près insoluble; *car il « n'y a pas d'apparence que de pauvres communes ru- « rales puissent suffire aux frais de deux Ecoles com- « munales distinctes, qui exigeraient deux traitemens « égaux, deux bâtimens différens, en un mot, des « sacrifices que les villes seules peuvent supporter.* » Telles sont les paroles du rapporteur de la loi sur l'instruction primaire à la chambre des pairs.

1

C'est dans le but de réaliser ces vœux qu'a été conçu le Projet n° 1.

Ce Projet se compose d'une salle A de 7 mètres 10 centimètres (21 pieds) sur 5 mètres (15 pieds), séparée en deux parties par une cloison mobile, et pouvant contenir 50 enfans des deux sexes.

Chaque division BB (fig. 1) renferme cinq tables avec leurs bancs. Ces tables sont placées vis-à-vis le bureau du maître, et éclairées par des jours pratiqués latéralement. Des latrines doubles CC, ayant une entrée DD dans chacune des divisions, sont placées derrière le mur du fond.

Le logement du maître est situé au-dessus de la classe. Il se compose d'une chambre à coucher B (fig. 2), d'une autre pièce C pouvant servir à ses enfans, et d'une salle A pour le dépôt des archives. On y monte par un escalier E placé derrière la classe.

Une petite étable F, une cuisine G et une basse-cour H sont les dépendances nécessaires de cette maison d'Ecole. On peut aussi la surmonter d'un campanille contenant la cloche qui appelle les élèves aux heures de classe.

Pour mettre la dépense de la construction de cette maison d'Ecole en rapport, soit avec les ressources des communes auxquelles elle est destinée, soit avec les secours qui peuvent lui être accordés, on s'est basé, sauf quelques différences nécessitées par les localités, sur un rapport très détaillé, présenté cette année par M. Aubernon, préfet de Seine-et-Oise, sur l'état de l'instruction primaire dans ce département. Suivant ce rapport, 827 Ecoles reçoivent 41,143 enfans des deux sexes. C'est, terme moyen, 50 enfans par école.

Or une somme de 227,107 francs, dont une partie a été votée par les conseils-généraux et l'autre allouée par l'Etat, a été ou va être affectée à l'acquisition de 41 Ecoles, à la réparation de 37 et à la construction de 35. En admettant pour chacune de celles à réparer une dépense de 600 francs, il reste, pour l'acquisition et la construction des autres, une somme de 114,907 fr., qui, divisée proportionnellement, donne pour la construction des 35 Ecoles une somme de 94,888 fr. 90 c. C'est pour chacune d'elles une dépense moyenne de 2,711 fr. Mais le départem ent de Seine-et-Oise étant un des plus riches et des plus voisins de la capitale, il est juste de réduire cette dépense d'un sixième, c'est-à-dire de la porter à une somme de 2,260 francs environ.

C'est donc une dépense de 2,000 à 2,300 fr. qu'il convient de porter pour la construction d'une maison d'Ecole de 50 enfans; et l'on pourra, d'après cette évaluation, estimer proportionnellement celle d'Écoles plus nombreuses.

Quelque peu considérable que soit un pareil établissement, on parviendrait difficilement à le faire moyennant cette dépense, si la commune ne se servait point des ressources qu'elle peut trouver en elle-même; ainsi il est évident que le terrain ne doit pas être mis en ligne de compte. La commune pourra aussi fournir une partie des matériaux, tels que meulière, moellon, terre et sable, qui se trouvent presque partout à la surface de la terre, et qui ne coûtent que la peine d'en débarrasser les chemins et les champs. C'est à l'Administration communale à trouver les moyens les plus convenables d'utiliser ce que la nature du pays peut offrir de favorable sous ce rapport, et à seconder de tout son pouvoir et à sa manière le mouvement que le Gouvernement veut imprimer à l'établissement des Ecoles.

Le devis détaillé qui suit ce projet, conçu et fait suivant ces principes, porte la dépense totale à 2,265 fr. 84 c.

C'est par élève 45 fr. 30 c.

En divisant la dépense par la capacité de la Maison d'École, on trouve 4 fr. 50 c. par mètre cube de bâtimens, compris vides et murs. Ce prix nous servira de base pour les quatre premiers projets.

VARIANTE I.

On pourrait joindre à la Maison d'École une salle de mairie R placé au rez de chaussée, comme l'indique la fig. 1. Cette portion de bâtiment serait couverte par un toit en appentis rejetant les eaux sur la rue.

VARIANTE II.

Si la commune avait à sa disposition un terrain suffisant, on ajouterait de chaque côté un préau M, et derrière un jardin L destiné au maître.

DEVIS ESTIMATIF DU PROJET N° 1.

1° BATIMENT ÉLEVÉ D'UN ÉTAGE.

SAVOIR :

La fouille des murs de fondation sans enlèvement de terre et partie remblayée.

					fr.	c
Longueur	26m	00c	12m	155		
Largeur	00	55				
Profondeur	00	85				

La fouille de la fosse d'aisances.

Longueur	5m	00	25	000
Largeur	2	50		
Profondeur	2	00		
Total			37	155

	fr.	c
37 mètres 155 décimètres cubes à 0 f. 25 le mètre.. ou 5 toises 2 pieds cubes à 1 f. 85 c. la toise......	9	30

La construction des murs en fondation en meulière hourdée en terre avec chaînes de 3 mètres en 3 mètres (9 pieds en 9 pieds) et de 1 mètre (3 pieds) de largeur hourdées en mortier de chaux et sable.

Longueur	25m	00	10m	625
Hauteur	00	85		
Épaisseur	00	50		

10 mètres 625 décimètres cubes, à 2 f. 60 c. le mètre, la meulière non fournie... ou 1 toise 88 pieds cubes à 18 f. 84 c. la toise....	27	62

Les murs de la fosse en meulière, hourdés en mortier de chaux et sable.

Le cube de la fouille trouvé plus haut, est de	25m	000
A déduire le vide du dans œuvre produisant	10	200
Reste	14	800

A 4 f. 70 c. le mètre cube, la meulière non fournie... Ou 1 toise 202 pieds cubes à 35 f. 85 c.	produisent	69	56
		106	48

		fr.	c.
Report......		106	48

Les enduits intérieurs de la fosse faits en mortier de chaux et grès.

24 mètres 70 décimètres carrés à 50 c............. Ou 6 toises 17 pieds carrés à 2 f..................		12	35

Les murs du bâtiment en élévation, en meulière hourdée en mortier de chaux et sable :

Les deux pignons.

Longueur ensemble......	16m	00	48m 000
Hauteur................	7	50	
Épaisseur..............	0	40	

Les murs latéraux.

Longueur ensemble......	15m	00	36m 000
Hauteur................	6	00	
Épaisseur..............	0	40	
Total..........			84m 000

A déduire.

Trois baies de porte.

Largeur ensemble.......	2m	40	1m 920
Hauteur................	2	00	
Épaisseur..............	0	40	

Six baies de croisées.

Largeur ensemble.......	8m	00	4m 800
Hauteur réduite........	1	50	
Épaisseur..............	0	40	

Les deux jours sur le couloir et ceux des latrines ensemble....................	00m 400
Total des déductions...........	7m 120
Reste en cube..................	76m 880

76 mètres 860 décimètres cubes.

La meulière non fournie, à 5 f..... ou 10 toises 78 pieds cubes, à 37 f.....	produisent	384	40

Le mur de refend construit en meulière hourdée en terre.

Longueur..............	7m	20	13m 824
Hauteur...............	6	00	
Epaisseur.............	0	32	

	503 23

			fr.	c.
		Report.......	503	23

A déduire.

Trois baies de porte.

Longueur..............	2^m 40			
Hauteur...............	2 00	1^m 536		
Épaisseur.............	0 32			
Reste en cube.................		12^m 283		

12 mètres 288 décimètres cubes.

La meulière et la terre non fournies, à 2 f. 30 c.		28	25
Ou 1 toise 132 pieds cubes, à........ 17 00			

Au sol de la classe le blocage en petite meulière hourdée en terre.

Longueur..............	7^m 20			
Largeur...............	6 00	17^m 280		
Épaisseur.............	0 40			
17 mètres 28 décimèt. cubes, à 2 f. 30 c.		produisent.	39	74
Ou 2 toises 66 pieds cubes, à 17 00				

Le jointoiement extérieur des murs de pignon fait en mortier de chaux et sable.

Longueur développée...	16^m 00	120^m
Hauteur...............	7 50	

Celui des murs latéraux.

Longueur..............	15^m 00	90^m
Hauteur...............	6 00	
Total...............		210^m

A déduire.

Trois baies de porte.

Largeur ensemble......	2^m 40	4^m 80
Hauteur...............	2 00	

Six baies de croisées.

Largeur ensemble.......	8^m 00	12^m 00
Hauteur réduite........	1 50	
Jour de l'escalier des latrines.........		1^m 00
Total des déductions.......		17^m 80
Reste en superficie...............		192^m 20

192 mètres 20 décimètres, à 0 f. 25 c. le sable non fourni........................	48	05
Ou 48 toises, à 1 00		
	619	27

		fr.	c.
Report.....		619	27

Le crépi intérieur des murs de face en argile épurée et chaux.

192 mètres 20 décimètres, à 0 f. 40 c...... / Ou 48 toises, à 1 60		76	88

Le crépi *idem* du mur de refend sur les deux faces.

Longueur ensemble.....	14m 40	86m 40
Hauteur.............	6 00	

A déduire.

Trois baies de porte.

Longueur sur les deux faces	4m 80	9m 60
Hauteur.................	2 00	
Reste en superficie..............		76m 80

76 mètres 80 décimètres, à 0 f. 40 c......... / 20 toises, à 1 55	30	72

Enduits des tableaux et ébrasemens estimés comme enduits sur les deux faces des baies.

Six baies de porte.

Les deux faces	19m 20

Six baies de croisées.

Les deux faces.	24m 00
Total.......	43m 20

43 mètres 20 décimètres, à 0 f. 40 c. le mètre. / Ou 11 toises 5 pieds carrés, à 1 55 la toise..	17	28

Le premier plancher plafonné en mortier d'argile, chaux et bourre sur lattis jointis avec aire en bauge sur bardeau.

Longueur................	7m 20	36m 00
Largeur.................	5 00	

36 mètres carrés, à 3 f. 40 c. .... / 9 toises 17 pieds carrés, à 13 00	122	40

Le faux plancher plafonné en mortier d'argile, chaux et bourre sur lattis jointis.

Longueur...............	7m 20	48m 24
Largeur................	6 70	

48 mètres 24 décimètres, à 2 f. 30 c......... / 12 toises 23 pieds carrés, à 9 00	110	95
	977	50

		fr.	c.
	Report......	977	50
La cloison de l'escalier faite à claire-voie en planches de bateau, lattée et ravalée des deux côtés, et recouverte de deux couches de mortier de chaux, argile et bourre.			
Longueur............... 5ᵐ 00 / Hauteur................. 4 50	22^m 50		
22 mètres 50 décimètres carrés, à 1 f. 85 c.... / 5 toises 29 pieds carrés, à 11 85		41	62
La cloison de séparation des deux latrines faite *idem*.			
Longueur.............. 1^m 50 / Hauteur réduite.......... 1 50	2^m 25		
2 mètres 25 décimètres carrés, à 1 f. 85 c.......		4	16
Les cloisons du premier étage			
Longueur développée..... 9^m 00 / Hauteur............... 2 50	22^m 5		
A déduire deux portes ensemble......	3^m 2		
Reste................	19^m 3		
19 mètres 30 décimètres, à 1 fr. 85 c..........		35	70
Un tuyau de cheminée en briques du pays, de 5 mètres de haut, compris gorge et manteau, sur 1 mètre 30 centimètres de tour.			
Produit. 6 mètres 50 décimètres, à 2 f. 25 c... / 1 toise 2/3, à 9 00 ...		14	62
Les six marches en gresserie dans les portes extérieures.			
Longueur.............. 6^m 00 / Largeur............... 0 32 / Épaisseur............. 0 16	0^m 307		
307 décimètres cubes, à 90 f., compris taille des paremens........................ / Ou 8 pieds cubes 95/100, à 720 f. la toise cube.		27	63
La pierre d'extraction de 0^m 08 d'épaisseur en roche.			
Longueur............... 1^m 00 / Largeur................ 1 00	1^m 00		
1 mètre superficiel, à 10 f.................. / 9 pieds carrés, à 40 f. la toise............		10	»
Deux dalles forées d'un trou de chute.			
Ensemble 25 décimètres carrés, à 12 f. le mètre compris la plus value de la taille. / 4 pieds 1/2 carrés, à 48 f. la toise..........		3	»
Une mitre de cheminée en plâtre............		2	»
		1,116	23

	fr.	c.
Report......	1,116	23

CARRELAGE.

Le carrelage de la classe en carreaux de 6 pouces, scellés en mortier.

Longueur.............. 7^m 20 } 56^m
Largeur................ 5 00 }

A 1 fr. 80 c. le mètre......................... } Ou 9 toises 1/2 à 8 fr. 10 c. la toise.............. }	64	80

CHARPENTE.

Plancher du 1er étage, composé d'une poutre de 0^m 4 sur 0^m 3 (1 pied 2 pouces sur 11 pouces) et de 7^m 10, produit.....	0^m	852		
21 solives de 0^m 16 sur 0^m 08 (6 pouces sur 3 pouces, et de 7^m 50 de long, produisent	2	016		
1° Total...	2	868		
Le faux plancher dans le comble.				
Longueur.... 6^m 70 } 20 10 Largeur..... 3 }				
Produit, à raison de 0,031 cubes de bois par mètre superficiel..........................	0	623		
Total général....	3	491		
2 mètres 491 décim. cubes, à 70 f. le stère, produisent.			244	37
29 pièces et demie, à 7 — —				
Le plancher des deux paliers ensemble, 4^m à 0, 062 par mètre, fait 248 décimètres cubes, à 70 f. le stère..			17	36

Le comble.

La ferme, composée de deux arbalétriers, deux blochets, deux jambes de force, un faux entrait et un poinçon, en bois de 0^m 13 sur 20 5 pouces sur 7) produit un cube de........	0^m	533		
2 pannes de 8 mètres chacune.......	0	416		
Le faîtage........................	0	101		
Plate-bande	0	208		
Total	1	258		
1 mètre 258 décimètres cubes, à 70 f.............			88	06
Ou 32 pièces 1/2 à 7 f. la pièce.				

Les chevrons faits en planches de chêne refendues, de 0, 09 d'épaisseur sur 0, 04 de large (3 pouces sur 18 lignes) et de quatre à la latte.

240 mètres courans, à 0 f. 50 cent. le mètre... } 120 toises — à 1 f. la toise.......... }	120	00
	1,650	82

		fr.	c.
Report.		1,650	82

COUVERTURE.

La couverture en tuile du pays.

			fr.	c.
Longueur des deux rampans.	10	80		
Largeur.	8			
80 mètres à 2 f. . . . . / 20 toises à 8 f.			160	»

MENUISERIE, SERRURERIE, PEINTURE.

4 croisées à un seul ventail en chêne, vitrées à petits carreaux.

			fr.	c.
Largeur.	1m 00	1m 80		
Hauteur.	1 80			
Estimée chacune 25 f., compris peinture et serrurerie, les quatre.			100	»

Les deux croisées de la classe, fermées chacune de deux châssis, avec traverses au milieu.

			fr.	c.
Largeur.	1m 80	1m 80		
Hauteur.	1 00			
Estimée chacune 22 f., les deux.			44	»

10 portes, comprises celles des latrines en sapin, emboitées en chêne.

			fr.	c.
Largeur réduite.	0m 75	1m 50		
Hauteur.	2			
Estimée chacune 11 f. tout compris, les 10.			110	»

Escalier en planches de sapin avec limons en chêne d'un côté seulement.

La marche et contremarche.

			fr.	c.
Longueur.	0m 65	0m 27		
Largeur ensemble.	0 43			
Les 18 produisent.		4m 86		
4 mètres 86 centimètres à 4 f. le mètre. / Ou 1 toise 8 pieds à 16 f. la toise. . . .		produisent	19	44

Limons.

			fr.	c.
Longueur.	12m 00	3m		
Largeur.	00 25			
3 mètres à 8 f. le mètre. . . . . / 27 pieds carrés à 32 f. la toise.			24	»

La cloison à claire voie de l'escalier en planches de sapin de bateau, refendues avec crémaillère et poteaux.

	fr.	c.
22 mètres 50 centimètres à 1 f. 20 c. le mètre. . . / 5 toises 29 pieds carrés à 4 f. la toise.	27	»
4 mètres de planchers pour les paliers à 3 f. le mèt.	12	»
	2,147	26

		fr.	c.
Report		2,147	26

ÉTABLE ET CELLIER.

Les murs en meulière hourdée en terre.

Longueur développée.....	17m 00	19m 040
Hauteur compris fondation.	3 50	
Epaisseur réduite........	0 32	

A déduire.

Deux portes.

Largeur ensemble........	1m 60	1m 024
Hauteur................	2 00	
Epaisseur..............	0 32	

Deux jours.

Largeur ensemble........	2m 00	0m 320
Hauteur................	0 50	
Epaisseur..............	0 32	

Total des déductions...... 1m 344

Reste en cube............. 17m 696

17 mètres 760 décimètres cubes à 2 f. 50 c....... Ou 2 toises 94 pieds cubes à 17 f. la toise.......	40	70

COMBLE ET APPENTIS.

Deux pannes de 0,15 sur 0,11 (5 pouces 6 lignes sur 4 pouces), et de ensemble 6 mètres (3 toises)

Produisent.................... 0m 099

Deux plates-bandes produisent..... 0 049

Total............ 0m 148

0,148 décimètres cubes, à 60 le stère........ Ou une pièce 1/2 à 6 f. la pièce............	8	88

Les chevrons faits en planches de chêne.

54 mètres courans à 50 centimes............. 27 toises à 1 f........................	27	»

Couverture en tuiles de deux appentis.

Longueur des deux appentis	6m 00	15m 00
Largeur...............	2 50	

A 2 f. le mètre..................................	30	
Deux portes en sapin, emboîtées en chêne, estimées chacune 6 f................................	12	»
Total........	2,265	84

PROJET N° 2 (Pl. I, fig. 6 et 7).

MAISON D'ÉCOLE

Pour 160 enfans, garçons et filles réunis (*enseignement mutuel*).

Cette Ecole, ainsi que la précédente, doit recevoir, dans la même salle, les filles et les garçons. Elle est destinée, soit à une commune plus considérable que la précédente, soit à la réunion des enfans de plusieurs communes voisines.

Ses proportions permettent d'y établir la méthode de l'enseignement mutuel (voy. IIe partie, chap. I). Elle se compose d'une grande salle A, divisée en deux parties B,C, l'une pour les filles, l'autre pour les garçons. A l'extrémité est le bureau du maître, placé sur une estrade et garni de deux tables pour chacun des moniteurs (voy. 2e Partie, Chap. I). E est l'entrée des filles, F celle des garçons, et G l'escalier conduisant au logement du maître. H et I sont les latrines.

On pourrait ajouter à ce projet les mêmes dépendances qu'au précédent.

DEVIS SOMMAIRE.

Superficie de la façade jusqu'au bandeau.....	62m	40	89m 35	1518	950
Au-dessus du bandeau..	26	95			
Longueur jusqu'aux latrines.......			17 00		
Latrines.					
Longueur........................			12 00	93	600
Largeur..........................			2 60		
Hauteur..........................			3 00		
Total........				1,612	550

1612 mètres 550 décimètres cubes, à 4 f. 50 c. produisent une dépense de.......................... 7,256f. 47c.

Ou 45 f. 30 c. par élève.

VARIANTE.

La disposition d'une classe pour l'enseignement mutuel exigeant un emplacement plus grand, nécessite aussi une plus forte dépense. La même disposition pour une École dirigée d'après le mode d'enseignement simultané, n'occasionnerait qu'une dépense de **5,628** fr. **25** c., ou 35 fr. 12 c. par élève.

PROJET N° 3 (Pl. I, fig. 8 et 9).

MAISON D'ÉCOLE

Pour 160 enfans, garçons et filles séparés.

Si la commune, ou la réunion de plusieurs communes, pouvait subvenir au traitement d'un maître et d'une maîtresse, on pourrait adopter le Projet N° 3.

Ce projet se compose d'un corps de bâtiment ayant à chaque extrémité une entrée A, l'un pour les filles, l'autre pour les garçons. Les deux classes BB sont adossées l'une à l'autre, et séparées par des latrines CC destinées aux deux divisions.

Les logemens du maître et de la maîtresse, placés au-dessus des deux salles de classe, sont desservis chacun par un escalier particulier D.

DEVIS SOMMAIRE.

Longueur du bâtiment...........	27m 00	1,771 20
Largeur	8 00	
Hauteur	8 2	

A 4 f. 50, produisent une dépense de........ **7,790 f. 40 c.**

Ou par élève 49 f. 80 c.

PROJET N° 4 (Pl. II, fig. 1 et 2).

MAISON D'ÉCOLE

Pour 250 enfans, filles et garçons séparés (*enseignement mutuel*).

La disposition du projet n° 4 convient aussi à une Ecole séparée de filles et de garcons. Les deux classes A sont placées l'une au-dessus de l'autre. Le bureau du maître B est adossé aux latrines C. L'entrée D communique d'un côté avec la salle de classe et de l'autre avec le logement du maître, placé au rez-de-chaussée. Ce logement se compose d'une cuisine F, d'une chambre à coucher G et d'un cabinet H.

L'Ecole des filles, disposée d'une manière tout-à-fait semblable, a son entrée I du côté opposé à celle des garçons. On y monte au moyen d'un escalier J, d'une seule rampe. Ces deux Ecoles, comme on est à même de le voir sur le plan, n'ont ensemble aucune communication. On pourrait placer en E un fourneau destiné à chauffer le bâtiment entier (voir chap. VI, 2e partie).

L'inconvénient le plus grave de cette disposition, surtout pour une école d'enseignement mutuel, est le bruit assourdissant qui résulte de la marche des enfans sur le plancher supérieur.

DEVIS SOMMAIRE.

			f.	c.
Longueur	23m	00		
Largeur	12	00	2,566	80
Hauteur	9	30		

A 4 f. 50, produisent une dépense de....... **11,550 f. 60 c.**

On 46 f. 20 c. par élève.

VARIANTE.

Dépense d'une École semblable, mais pour le mode d'enseignement simultané, 9,227 fr. 92 c.

C'est par élève, 36 fr. 88 c.

PROJET N° 5 (Pl. II, fig. 3, 4 et 5).

MAISON D'ÉCOLE COMPLÈTE

Pour 120 enfans, garçons ou filles (*enseignement mutuel*).

Ce plan complet de Maison d'École primaire, peut recevoir 120 enfans de l'un ou de l'autre sexe.

Sur la rue est élevé un pavillon avec premier étage surmonté d'un campanille. Il contient, à rez-de-chaussée, un passage A servant d'entrée et conduisant au préau couvert B. D'un côté se trouve la cuisine C, avec basse-cour D; et de l'autre l'escalier E conduisant au premier étage, où se trouve le logement du maître. Du même côté est planté un petit jardin potager F. Entre la cuisine et le préau, on peut placer un réservoir G destiné à recevoir les eaux pluviales (Deuxième Partie, Chapitre II).

Les deux portes latérales du préau communiquent par des auvents H avec un corps de bâtiment situé au fond de la cour.

Dans la partie de droite de ce bâtiment est un petit vestibule K avec un cabinet L pouvant servir soit à serrer le bois, soit à placer un calorifère.

Dans la partie de gauche sont placées les latrines M.

Au centre se trouve la classe N.

Entre celle-ci et le préau couvert est une cour O plantée de quelques arbres, garnie de bancs, et renfermant les machines élémentaires de gymnastique.

Cette École occupe une superficie de 678 mètres 50 décimètres carrés.

Sa dépense, suivant le devis détaillé qui suit, pourrait se monter, tous les matériaux fournis par l'entrepreneur,

à **8,713 f. 77 c.**, c'est par enfant **72 f. 60 c.**

Cette dépense se trouve distribuée de la manière suivante :

	fr.	c.
1° Bâtimens.		
1513 mètres cubes produisent..................	7,929	29
C'est le mètre cube 5 f. 23 c.		
2° Jardins, murs et clôtures.		
385 mètres 87 décimètres superficiels produisent.	441	13
C'est le mètre superficiel 1 f. 15 c.		
3° Auvens.		
37 mètres 40 décimètres produisent..........	343	35
C'est le mètre courant 9 f. 10 c.		
Ci.	8,713	77

DEVIS ESTIMATIF DU PROJET.

1° BATIMENT CONTENANT LA GRANDE CLASSE ET LES LATRINES.

SAVOIR :

				fr.	c.
La fouille des murs de fondation.					
Longueur..............	75^m	20	30^m 080		
Largeur................	00	50			
Profondeur............	00	80			
A 0 f. 25 c. le mètre..........................				7	52
La fouille de la fosse d'aisances.					
Longueur hors œuvre....	7^m	50	58^m 500		
Largeur................	3	00			
Hauteur................	2	60			
A 0 f. 25 c. le mètre..........................				14	62

La construction des murs de fondation en meulière hourdée en terre, avec des chaînes de 3 mètres en

22	14

	fr.	c.
Report......	22	14

3 mètres, et d'un mètre de largeur, hourdées en mortier de chaux et de sable.

Longueur développée....	74^m^ 00	29^m^ 600
Hauteur..............	0 80	
Epaisseur..............	0 50	

	fr.	c.
A 6 f. 25 c. le mètre cube......................	185	00

Les murs de la fosse en meulière hourdée entièrement en mortier de chaux et sable.

Le cube trouvé pour la fouille est de..	58^m^ 500
A déduire le vide du dans œuvre, ci..	26 000
Reste........	32^m^ 500

	fr.	c.
A 7 f. 50 c. le mètre..................................	243	75

Les enduits du pourtour intérieur, en mortier de chaux et sable, produisent ensemble...... 55^m^ 80

	fr.	c.
A 35 centimes le mètre..............................	19	53

Les murs du bâtiment construits en meulière hourdée en mortier de chaux et sable.

Longueur développée....	74^m^ 00	129^m^ 500
Hauteur..............	5 00	
Epaisseur..............	0 35	

A déduire les baies, portes et croisées.

Longueur ensemble......	14^m^ 20	8^m^ 946
Hauteur réduite.........	1 80	
Epaisseur..............	0 35	
Reste........		120^m^ 554

	fr.	c.
A 8 f. le mètre cube..............................	964	43

Au sol de la classe, le blocage en petite meulière et terre.

Longueur..............	22^m^ 00	59^m^ 840
Largeur..............	6 80	
Epaisseur..............	0 40	

	fr.	c.
A 5 f. le mètre..................................	299	20

Les enduits des murs faits en mortier de chaux et sable aux deux paremens produisent, les vides comptés pour les tableaux et ébrasemens.

		fr.	c.
Ci..................................	740		
A 35 centimes..................................		259	00
		1,993	05

			fr.	c.
Report......			1,993	05

Les cloisons de séparation des latrines en briques du pays de 0,05 d'épaisseur, jointoyées aux deux paremens.

Longueur développée.....	4^m 00	8^m 00		
Hauteur...............	2 00			
A 2 f. 20 c............			17	60

Le sol de ces latrines en dalles de roche ou de gresserie.

Longueur comprise.

Pierre d'extraction........	7^m 00	1^m 120		
Largeur................	2 00			
Epaisseur..............	0 08			
A 90 f. le mètre........			100	80

La plus value des feuillures du châssis et de la taille des trous de chute évaluée 1^m 80 de taille.

A 6 f. le mètre.........			10	80

L'aire salpêtrée du passage.

Longueur..............	4^m 50	9^m 00		
Largeur...............	2 00			
A 25 centimes le mètre....			2	25

Six marches en pierre de roche ou grès.

Longueur ensemble.......	6^m 00	0^m 316		
Largeur................	0 33			
Epaisseur..............	0 16			
A 90 f. taille des paremens compris....			28	44

Le plancher haut plafonné sur lattis jointis en mortier d'argile, chaux et bourre.

Longueur..............	18^m 20	127^m 40		
Largeur...............	7 00			
A 2 f. 25 c. le mètre.....			286	65

CHARPENTE.

Le plancher haut en bois de chêne produisant une superficie de.......................... 127^m 40

A raison de 0 mètre 031 décimètres cubes de bois par mètre carré, produit.......... 3^m 949

Le comble à deux égoûts occupant une superficie de................... 127^m 40

A raison de 0 mètre 019 décimètres cubes de bois par mètre superficiel pour les gros bois seulement, produit................ 2^m 420

2,439	59

		fr.	c.
	Report......	2,439	59

Les deux appentis couvrant une superficie de.................. 34m 96

A raison de mètre 019 décimètres cubes de bois par mètre superficiel pour les gros bois, produisent.......................... 0m 664

Total........ 7m 033

	fr.	c.
A 70 f. mètre ou stère, produisent...............	492	31
162 mètres superficiels de chevrons en planches refendues, à 1 f. 85 c. le mètre superficiel..............	299	70

COUVERTURE.

La couverture en tuile de pays.
Le comble du grand bâtiment.

Longueur...............	19m 00	186m 20
Rampant compris, faîtage.	9 80	

Le comble des deux petits appentis.

Longueur ensemble.......	15m 20	54m 72
Rampant, solins et égouts.	3 60	

Total........ 240m 92

	fr.	c.
A 2 f. le mètre..................................	481	84

MENUISERIE, SERRURERIE, PEINTURE ET VITRERIE.

Quatre croisées dormantes, en chêne, de 0m 034 millimètres d'épaisseur, vitrées chacune de 12 carreaux, et peintes à l'huile.

Longueur................	2m 00	3m 50
Hauteur................	1 75	

	fr.	c.
Lesdites évaluées chacune, compris peinture, vitrerie et serrurerie, 36 f., ensemble.............	144	00

Les deux portes de la classe en sapin de 0m 027 millimètres d'épaisseur, emboîtées de chêne, l'une à deux vantaux, l'autre à un seul vantail.

Celle à deux vantaux

Hauteur...............	2m 10	3m 15
Largeur...............	1 50	

	fr.	c.
Estimée, peinture, vitrerie et serrurerie.........	20	00
	3,877	44

			fr.	c.
		Report......	3,877	44
Celle à un vantail				
Hauteur	2^m 10	1^m 68	13	60
Largeur	o 80			
Trois petites portes de latrines en sapin, emboîtées en chêne.				
Longueur de chaque.....	1^m 00	0^m 50		
Largeur	o 50			
Évaluées ensemble, compris *idem*..............			15	00
La porte des latrines				
Hauteur	2^m 00	1^m 60		
Largeur	o 80			
Estimée, compris *idem*........................			9	00

CARRELAGE.

Le sol de la classe carrelé en carreaux de terre cuite de 6 pouces scellés en mortier.				
Longueur..............	18^m 20	127^m 40		
Largeur..............	7 00			
A 1 f. 80 c. le mètre........................			229	32

MURS DE CLÔTURE.

Les rigoles pour les fondations.				
Longueur développée....	73^m 80	16^m 605		
Hauteur	oo 50			
Épaisseur..............	oo 45			
A 25 c. le mètre, produit...	4 15			
16^m 605 cubes de murs de fondation en mortier et terre.				
A 5 f. le mètre...........	83 03			
L'élévation de ces murs en meulière et terre.				
Longueur développée....	73^m 80	70^m 848		
Hauteur compris chaperon	3 00			
Epaisseur..............	o 32			
A 5 f. le mètre...........	354 20			
Total.	441 38			
441 f. 38 c. à diminuer d'un quart pour la mitoyenneté, ...			330	98
			4,475	34

		fr.	c.
Report......		4,475	34

Le crépi ou jointoiement à meulière apparente aux deux parements, en mortier de chaux et sable.

Longueur des 3/4........	110^m 70	332^m 10		
Hauteur...............	3 00			
A 25 c. le mètre..........			83	00

Les auvens au pourtour de la cour, construits en bois de charpente et chevrons de planches, couverts en ardoise.

Longueur développée.....	37^m 40	67^m 32		
Rempart..............	1 80			
A 5 f. 10 c..........			343	33

La partie du sol de la cour, sous les auvents, salpêtrée et dressée en pente légère.

Longueur..............	37^m 40	37^m 40		
Largeur...............	1 00			
A 25 c. le mètre..........			9	35

La superficie de la cour damée et sablée.

Longueur..............	19^m 50	204^m 75		
Largeur réduite........	10 50			
A 10 c. le mètre..........			20	47

Total du devis sans le pavillon du devant......	4,931	49

PAVILLON DE DEVANT.

La fouille des fondations.

Celle des quatre murs de face.

Longueur développée.....	58^m 00	22^m 040		
Profondeur.............	1 00			
Largeur...............	0 58			

Celle des murs de refend.

Longueur..............	16^m 80	6^m 720		
Profondeur.............	00 80			
Largeur...............	00 50			
Total.........		28^m 760		
A 25 c. le mètre..........			7	19

Les fondations desdits murs en meulière et terre, avec chaînes de 1 mètre de large, distantes entre elles de 3 mètres, et hourdées en mortier de chaux et sable, produisent un cube de 28^m 760 à 6 f. 25 c........ 179 75

5,118	43

		fr.	c.
Report......		5,118	43

Les murs en élévation, construits en meulière et mortier de chaux et sable.

Murs élevés d'un étage.

Longueur compris les paliers du préan..............	32m 00	89m 600	
Hauteur réduite..........	7 00		
Épaisseur..............	0 40		

Murs élevés d'un rez de chaussée seulement.

Longueur..............	13m 00	15m 600	
Hauteur..............	3 00		
Épaisseur..............	0 40		
Total.........		105m 200	

A déduire dans lesdits murs, cinq baies de porte.

Largeur ensemble........	4m 80	3m 840	
Hauteur..............	2 00		
Épaisseur..............	0 40		

Douze croisées.

Largeur ensemble........	15m 90	11m 448	
Hauteur..............	1 80		
Épaisseur..............	0 40		
Total des déductions.....		15m 288	
Reste en cube..........		89m 912	
A 8 f. le mètre cube..........			719 29

Les murs de refend en meulière hourdée en terre.

Longueur..............	16m 80	33m 868	
Hauteur..............	6 30		
Epaisseur..............	0 32		

A déduire.

Trois baies de portes.

Largeur ensemble........	2m 40	1m 536	
Hauteur..............	2 00		
Epaisseur..............	0 32		
Reste en cube..........		32 332	
A 6 f. le mètre..........			193 99

Le jointoiement extérieur des murs.

Ceux élevés d'un premier étage.

Longueur..............	32m 00	224m 0	
Hauteur..............	7 00		
			6,031 71

			fr.	c.
Report......			6,031	71
Ceux élevés seulement d'un rez de chaussée.				
Longueur..............	13m 00	39m 00		
Hauteur................	3 00			
Total..................		263m 00		
A déduire.				
Les cinq baies de portes...	8m 00			
Les douze croisées.......	28 62			
	36m 62	36m 62		
Reste en superficie.......		226m 38		
A o f. 25 c..................................			56	59
Le crépi intérieur desdits murs faits en mortier d'argile et chaux.				
226 mètre 38 décimètres à o f. 40 c. le mètre.......			90	55
Le crépi *idem* des murs de refend sur les deux faces.				
Longueur ensemble......	33m 60	211m 68		
Hauteur................	6 30			
A déduire trois baies de portes..........		4 80		
Reste..................		206m 88		
A 40 c. le mètre................................			82	75
Enduits des tableaux et ébrasemens de baies estimés au double du vide.				
Huit baies de portes, les deux faces.....		25m 60		
Douze croisées, les deux faces........		57 24		
Total..........		82 84		
A o f. 40 c. le mètre..............................			33	13
Les deux bandeaux, régnant autour du pavillon, faits en plâtre, produisent en léger.		19m 00		
La corniche du couronnement..........		38 00		
Total.........		57m 00		
A 3 f. le mètre..................................			171	00
Pour les pièces du premier étage et la cuisine, deux tuyaux de cheminées en briques du pays, lesdits d'ensemble 11 mètres 00 décim. de long sur 1 mètre 30 déc. de tour, font une superficie ensemble de 14 mètr. 30 déc. à 2 f. 25 c. le mètre..............................			32	17
			6,497	90

	fr.	c.
Report......	6,497	90
Les six marches en pierre de roche ou gresserie aux trois portes extérieures.		
Longueur ensemble...... 6m 00 / Largeur............... 0 33 / Epaisseur.............. 0 16 } 0m 316		
A 90 f. taille des paremens comprise..............	28	44
Le blocage sous le plancher du préau couvert en meulière et terre.		
Longueur............... 6m 30 / Largeur............... 6 00 / Epaisseur.............. 0 20 } 7m 560		
A 5 f. le mètre............................	37	80
Le premier plancher plafonné en mortier d'argile, chaux et bourre, avec aire en bauge.		
67 mètres 80 décim., à 3 f. 40 le mètre............	230	52
Le deuxième plancher *idem* sans aire.		
67 mètres 80 décim. à 2 f. 30 c. le mètre...........	155	94
2 mitres de cheminée en plâtre................	4	00

CARRELAGE.

Le carrelage, en carreaux de terre cuite de six pouces, du préau, de la cuisine et des passages.		
Produit 77 mètres 00 décim., à 1 f. 80 c............	138	60

CHARPENTE.

Le premier plancher et le palier de l'escalier, 63 mètres superficiels, à raison de 0,062 cubes de bois par mètre superficiel, produisent un cube de..................................	3m 906		
Le faux plancher, 57 mètres 80 décimèt. superf., à raison de 0,031 par mètre, produit.	1m 792		
Le comble, compris l'appentis, occupant une superficie de 84 mètres, à raison de 0,019 cubes de bois par mètre superficiel, non compris les chevrons, produit un cube de.	1m 596		
	7m 294		
A 70 f. le stère..............................		510	58
84 mètres superficiels de chevrons à 1 f. 85 c. le mètre		155	40
Les linteaux des baies et des portes, estimés.......		140	00
		7,899	18

			fr.	c.
Report.......			7,899	18

COUVERTURE.

La couverture en tuile du pays, du pavillon et de l'appentis ensemble.

Pavillon.

Les deux rampants......	8^m 66	} 77^m 94		
Faîtage..............	9 00			

Appentis.

Rampant...............	4^m 00	} 28 00		
Faîtage...............	7 00			
		105 94		
A 2 f. le mètre..............................			211	88

MENUISERIE, SERRURERIE, PEINTURE, VITRERIE.

L'escalier en planches de sapin, avec limons en chêne.

Marches et contre-marches.

Longueur..............	0^m 80	} 0^m 36		
Largeur ensemble.......	0 45			
Les 22 produisent 7 mètres 92 décim. à 4 f.........			31	68
Le palier, 2 mètres à 4 f.........................			8	00
3 mètres superficiels de limon à 8 f...............			24	00
Pour le préau couvert, deux grands châssis dormans vitrés et semblables à ceux de la classe valent, compris menuiserie, peinture, vitrerie et serrurerie.........			72	00

Dix autres croisées ouvrant à un vantail.

Longueur..............	1^m 8	} 1^m 80		
Largeur...............	1 0			
Chaque 22 f., les 10.........................			220	»

La porte d'entrée principale, en chêne, de 0^m 034 d'épaisseur.

Longueur..............	2^m 30	} 2^m 99		
Largeur...............	1 30			
Ladite, tout compris, vaut........................			22	»
Les quinze portes à un vantail en sapin de 0^m 029 d'épaisseur, emboîtées en chêne, estimées 11 f. chaque.			165	»

La rampe de l'escalier à barreaux carrés en fer de 6 lignes.

Ladite de 6^m de long développée, à 10 f. le mètre, compris peinture..............................			60	«
Total.........			8,713	74

PROJET N° 6 (Pl. III, fig. 1 et 2).

MAISON D'ÉCOLE COMPLÈTE

Pour 160 enfans, garçons et filles séparés (*enseignement mutuel*).

Le projet N° 6 offre la disposition d'une Maison d'école complète, pouvant recevoir 160 enfans de l'un et de l'autre sexe.

Elle est précédée d'un petit appentis formant un porche d'attente (A). Deux portes (BB) donnent entrée, l'une à l'École des filles, l'autre à celle des garçons. Des préaux couverts CC avec des auvens EE, placés au milieu du terrain laissent, à droite et à gauche, les cours LL destinées aux jeux des enfans. Entre les deux est placé le réservoir des eaux pluviales E. Les deux salles de classe GG sont adossées à des latrines II, ayant une fosse commune, et sont surmontées des logemens du maître et de la maîtresse. Chacun des logemens a une petite cour M et un jardin N.

DEVIS SOMMAIRE.

Bâtiment contenant les classes, les logemens et les latrines.

Longueur	35m 20	}	2,059m 200
Largeur	7 80	}	
Hauteur	7 50	}	

Bâtiment contenant les préaux.

Longueur	16m 20	}	526 176
Largeur	5 80	}	
Hauteur	5 60	}	
		Total	2,585 376

	f.	
à 5 f. 23 c.	13,521	50
Cours et dépendances 231m 68, à 1 f. 15 c.	266	43
Auvens, 32m à 9 f. 10 c.	291	20
Total. . .	**14,079**	**13**

C'est 8 f. 79 c. par élève.

RÉCAPITULATION.

	dépense totale.	
	f.	c.
PROJET N° 1.		
Filles et garçons réunis, 50 enfans...........	2,465	84
PROJET N° 2.		
Filles et garçons réunis, 160 enfans...........	7,256	47
Variante..................................	5,628	25
PROJET N° 3.		
Filles et garçons séparés, 160 enfans............	7,790	40
PROJET N° 4.		
Filles et garçons séparés, 250 enfans...........	11,550	60
Variante..................................	9,227	92
PROJET N° 5.		
Filles ou garçons..... 120 enfans.	8,713	77
PROJET N° 6.		
Filles et garçons séparés, 160 enfans...........	14,079	13

PROJET

D'UNE MAISON D'ÉCOLE NORMALE PRIMAIRE AVEC ÉCOLES D'APPLICATION (Pl. IV, fig. 1, 2 et 3).

On a cru ne pouvoir terminer plus convenablement la suite des Projets de Maisons d'École primaire, qu'en présentant UN PLAN d'École normale destinée à former des instituteurs primaires.

Cette Ecole, représentée Pl. IV, est destinée à recevoir quarante élèves internes, et un nombre semblable d'externes.

Le bâtiment, destiné aux élèves maîtres, placé entre cour et jardin, se compose de quatre corps ayant une cour au centre.

Trois seulement sont élevés d'un étage.

Le rez de chaussée (fig. 1) se compose, dans la partie ayant face sur le jardin, d'une classe A servant aussi de salle d'étude pour les élèves de première année; d'une salle d'étude B pour ceux de la seconde année; d'un amphithéâtre C destiné aux cours de physique, de chimie, d'histoire naturelle, etc., et d'une bibliothèque D. Cette bibliothèque peut servir aussi à contenir les instrumens de physique et de chimie, et des objets relatifs à l'étude de l'histoire naturelle. D'un côté de la cour est placé le réfectoire E, et de l'autre une salle F pour le dessin et l'écriture. Sur la face de devant se trouve la cuisine G, le bureau d'administration H, et un vestibule K pouvant servir pour les récréations dans le mauvais temps. Des latrines L complètent la distribution du rez de chaussée.

A droite et à gauche de ce bâtiment sont placées deux classes V pour 80 enfans: l'une destinée à l'enseignement primaire supérieur; l'autre à l'enseignement élémentaire. Ces deux classes, accompagnées de préaux couverts et de latrines, ont chacune une cour particulière qui communique avec la grande cour commune.

Cette cour, précédée de deux petits pavillons T, U,

dont l'un T contient le logement du portier et les latrines, et l'autre U sert de parloir, est terminée par deux demi-cercles plantés d'arbres, en forme d'hippodrome, renfermant des instrumens de gymnastique.

Le jardin, placé derrière l'établissement, sert en même temps de promenade et d'objet d'étude; il est disposé en parterres, contenant les plantes usuelles et médicinales les plus nécessaires, et en pépinières pour former les élèves à la greffe des arbres. Une serre à mur double Y est élevée dans l'exposition la plus favorable.

DEUXIÈME PARTIE.

DÉTAILS DE DISTRIBUTION ET D'EXÉCUTION.

CHAPITRE I.

DE LA CLASSE.

1° *Dispositions de la classe.*

La salle destinée à la classe doit être, autant que possible, située au rez-de-chaussée, et élevée au moins de 50 centimètres (18 pouces) au-dessus du sol environnant. Elle sera éloignée du voisinage de la rue, et recevra la lumière de l'est, de l'ouest ou du nord, de manière à ce que le soleil n'y pénètre pas durant la journée.

2° *Placement des fenêtres.*

Dans quelques écoles, et entr'autres dans une que l'on a construite récemment à Paris, les jours ont été pratiqués dans le plafond de la salle. A moins d'y être contraint par les localités, on doit rejeter ce moyen d'éclairage : en effet, s'il a l'avantage de donner une lumière plus pure, il n'offre aucun moyen de se garantir en été de l'ardeur du soleil ; et pendant l'hiver, outre l'obscurité que peut projeter la neige amassée sur les vitres, il est fort difficile, à moins d'une dépense considérable de combustible, d'obtenir, dans la classe, la température nécessaire, la colonne d'air échauffé, venant continuellement se refroidir contre leur surface. Le mieux est de les placer dans les murs latéraux, au moins à une hauteur de 2 mètres ; de cette manière, on peut mettre au dessous une rangée de tableaux.

3° *Dimensions d'une salle destinée à l'enseignement mutuel.*

La salle de classe a ordinairement la forme d'un rectangle; quant à ses dimensions, elles dépendent du nombre d'élèves qu'elle est destinée à contenir. Rien n'est plus aisé à déterminer dans les classes d'enseignement simultané ou individuel, mais dans les classes d'enseignement mutuel, certaines conditions à observer font naître des difficultés, qui, pour n'avoir pas été prévues, faussent le résultat qu'on se proposait.

Les moyens que nous allons présenter pour déterminer ces dimensions, ne sont point fondés sur la théorie. C'est après avoir visité les principales écoles de la capitale, avoir consulté l'expérience des maîtres qui les dirigent, et recueilli leurs observations sur ce qui a été fait et sur ce qui est à faire, que nous présentons des changemens dans les proportions adoptées jusqu'ici sur des hypothèses dont l'application a démontré l'impossibilité.

Les considérations qui doivent déterminer les dimensions d'une salle de classe pour l'enseignement mutuel sont :

1° La surface occupée par les élèves aux bancs.

2° La surface occupée par les élèves aux groupes, ou surface de circulation, et celle qu'occupe l'estrade, les casiers, etc.

3° Le périmètre de la salle capable de contenir les cercles.

4° L'économie dans la dépense, c'est-à-dire le moins de perte possible dans l'espace employé.

1° Pour avoir la surface occupée par les élèves aux bancs, il suffit de multiplier le nombre d'enfans par 0m 415 centimètres carrés (à peu près 4 pieds carrés) ; ce sont 50 centimètres (18 pouces) en largeur et en profondeur donnés à chaque élève assis à la table, et 33 centimètres (1 pied) accordé pour le passage entre les tables.

2° La surface de circulation doit être égale à celle occupée par les élèves assis, et pour avoir celle de l'estrade, il suffit d'ajouter 2 mètres à la longueur trouvée.

3° Le perimètre de la salle s'obtiendra en multipliant 0,25 par le nombre des enfans.

4° On n'aura employé que l'espace nécessaire, si la salle

n'a que la somme des surfaces désignées dans le premier et le second alinéa. On doit aussi faire en sorte que chaque banc contienne 7, 8 ou 9 enfans, afin qu'il puisse former un groupe.

Dans les classes nombreuses, on mettra deux rangs avec un passage au milieu.

Premier exemple. — Supposons qu'on veuille déterminer les dimensions d'une classe pour 48 élèves.

L'espace occupé par les élèves aux bancs sera de

48 × 0,415 ou 19 mètres 92 décimètres carrés.

L'espace occupé par les élèves aux groupes étant le même, la somme est

39 mètres 84 décimètres carrés.

Le périmètre devra être de 48 × 0, 25 ou

12 mètres.

Enfin 48 étant divisible par 8 on mettra six bancs de 8 élèves; chaque banc aura :

4 mètres ou 2 toises.

Les six bancs, moins le dernier, avec les tables et les passages ayant chacun 0^m, 83, occuperont ensemble une longueur de 4^m, 98, dont retranchant 0^m, 33, le reste est de 4, 65. L'espace occupé par les bancs, sera donc un rectangle de 4 mètres sur 4^m, 65, et la surface totale de la salle sera composée de la surface (A), égale à 39^m, 84 et d'un rectangle ou surface (B), égal au produit de la largeur de la salle multiplié par 2 mètres. Pour nous assurer si le périmètre de la surface (A), qu'on doit seul considérer, est suffisant, voyons le cas le plus désavantageux, celui où la figure forme un carré, dans lequel la somme des côtés est plus petite que dans tout autre rectangle équivalent; or, nous trouvons que la racine carrée de 39, 84 ou le côté du carré d'une égale superficie est 6, 31 qui, répété 4 fois, donne 25, 24. Le périmètre exigé étant de 12 mètres, nous n'aurons besoin que d'employer deux côtés pour placer les cercles.

La largeur de la surface de circulation doit être de 1^m. 30 à 1^m, 50; prenant le double de 1^m 30 qui est 2, 60 et l'ajoutant à 4 mètres, la somme 6^m 60 exprimera la largeur de la classe.

Divisant 39^m, 84 par ce nombre, et ajoutant pour l'estrade deux mètres au quotient, on trouvera 8^m, 00 pour la longueur.

On disposera l'espace occupé par les bancs, de manière à laisser un passage égal aux deux extrémités. La figure 1, Pl. V, indique la disposition de cette classe dont la superficie est de 52 mètres 9 décimètres carrés.

Deuxième exemple. — Cherchons maintenant les dimensions d'une salle pour 210 élèves.

L'espace occupé par les élèves aux bancs est 210 × 0, 415 ou 87 mètres 15 décimètres carrés.

La surface (A) égale 2 × 87, 15 ou 174^m 30

Le périmètre exigé est 210 × 0, 25 ou 52 50

210 étant divisible par 14, nous mettrons 15 bancs de 14 élèves séparés par un passage.

Quatre fois la racine carrée de 174, 80 ou le périmètre réel est de 52 80

Auquel joignant les 4^m pour les deux côtés de la surface occupée par l'estrade, on a 56 80

La longueur des bancs est 7 00

La longueur de l'espace qu'ils occupent est 12 12

Ajoutant 3, 60 à la longueur des bancs pour les passages latéraux et celui du milieu, on aura pour la largeur de la salle 10 60

La longueur de la salle est $\frac{174,30}{10,60}$ + 2, ou 18 44

La fig. 2, Pl. V, représente la disposition de cette classe dont la superficie est

195 mètres 46 décimètres.

Règle.

1° On double le produit de la multiplication du nombre des élèves par 0, 415.

2° On détermine la largeur de la salle, en multipliant le nombre des élèves par banc par 0, 50, et ajoutant 2, 60 pour deux passages, ou 3, 60 si l'on en établit un au milieu.

3° On divise par ce nombre le chiffre obtenu dans la première opération; le quotient plus 2 mètres est la longueur de la salle.

Tant que le périmètre exigé n'excède pas 4 fois la racine carrée du double de l'espace nécessaire pour les élèves aux bancs, la règle que nous venons d'indiquer peut être employée. Mais arrivé à un certain nombre d'élèves (environ 240), on trouve une racine trop faible. L'opinion de quelques instituteurs, est qu'on doit s'arrêter à cette limite; au-delà, la surveillance devient difficile, la voix du maître ne se fait plus entendre qu'avec peine, et comme on ne peut élever et élargir proportionnellement la salle, elle devient trop alongée, et la masse d'air y est corrompue en peu de temps.

Cependant, comme on peut avoir un plus grand nombre d'élèves à placer, on a cherché une construction graphique très-simple, par laquelle on obtient de suite le rectangle équivalent à la surface voulue, et dont le périmètre est aussi égal au périmètre nécessaire. Cette construction représentée (fig. 3, Pl. V), est fondée sur cette proposition de la géométrie que toute droite A B, abaissée de la circonférence du cercle sur le diamètre E D, partage cette droite en deux parties B E, B D dont le rectangle est égal au carré de A B.

Voyons-en l'application aux dimensions d'une salle pour 280 élèves.

La surface occupée par les bancs et les tables est 280 × 0,415, ou	116	20
La surface (A) égale 2 × 116, 21, ou	232	40
Le périmètre égale 280 × 0, 25, ou	70	00
La racine carrée de 232, 40 est	16	01
Le périmètre de la surface carrée (A) est	64	04

Prenons (fig. 3.) une droite E D égale à la moitié du périmètre nécessaire ou 35^{m}. Sur cette droite, comme diamètre, décrivons une circonférence de cercle E C D.

Menons à côté sur le diamètre E D et perpendiculairement à ce même diamètre une droite *b a* égale à la racine carrée 15,24 de 232,40; par l'extrémité *a* tirons la parallèle *a* A, et par le point A, où elle coupe la circonférence, abaissons la perpendiculaire A B. Les deux parties B D et B E seront les dimensions cherchées; car 1° leur rectangle est égal à la surface donnée 232, 40; 2° leur somme est égale à la moitié du périmètre exigé; ces dimensions sont 8, 70 sur 26, 60.

Ici, au lieu d'ajouter 2 mètres à la longueur de la salle pour la place de l'estrade, on ajoutera à la largeur trouvée ce qui sera nécessaire pour placer les bancs et les passages. 280 étant divisible par 14, on mettra des bancs de 14 élèves, et on donnera une largeur totale de 11 mètres, une classe aussi nombreuse exigeant des passages plus vastes. Ce sera donc 2^{m}, 30 à ajouter à la largeur trouvée. De cette manière, les dimensions définitives de la salle sont 11^{m} sur 26, 60.

La fig. 4, Pl. V, indique la disposition de cette classe dont la superficie est de 292 mètres 60 décimètres carrés.

La table suivante, qui présente les dimensions d'une classe pour différens nombres d'élèves, a été calculée d'après les méthodes que nous avons exposées précédemment.

NOMBRE DES ÉLÈVES		NOMBRE des rangées de Bancs.	DIMENSIONS de la surface occupée par les bancs.		Largeur de la salle.	Longueur de la salle.	PÉRIMÈTRES		SUPERFICIE de la salle.
par classe.	par banc.						nécessaires	réels.	
			m.	m.	m.	m. c.			m. c.
48	8	6	4,	sur 4,65	6,60	8,02	12	29,24	52,93
63	9	7	4,50	5,48	7,10	9,36	15,75	32,92	66,45
70	7	10	3,50	7,97	6,10	11,52	17,50	35,24	70,27
80	8	10	4	7,97	6,60	12,06	20	37,32	79,60
112	8	14	4	11,29	6,60	16,08	28	45,36	106,12
120	8	15	4	12,12	6,60	17,09	30	47,38	112,80
135	9	15	4,50	12,12	7,10	17,77	33,75	49,74	126,16
140	14	10	7	7,97	10,60	12,96	35	45,36	137,37
176	16	11	8	8,80	11,60	14,59	44	52,38	169,24
198	18	11	9	8,80	12,60	15,04	49,50	55,28	189,50
210	14	15	7	12,12	10,60	18,44	52,50	58,08	195,46
224	16	14	8	11,29	11,60	18,02	56	59,24	209,12
238	14	17	7	13,70	10,60	20,54	59,5	62,28	218,74
256	16	16	8	12,95	11,60	22,60	64	78,40	262,16
280	14	20	7	16,60	11	26,60	70	72	292,60
320	16	20	8	16,27	11,60	30,60	80,50		354,96
364	14	26	7	21,25	11	37,40	90	96,80	411,40
420	14	30	7	24,57	11	46	105	114	506,00

On a représenté fig. 5, Pl. V, le plan d'une classe d'enseignement mutuel qu'on doit à M. Barrieux : les tables sont circulaires, et contiennent soit 8, soit 10 élèves, non compris le moniteur qui se place à une petite table particulière, se trouvant au centre du cercle. Chaque table occupe un espace de 4^{m}, 50, y compris les passages. Celle qui précède peut être tangente au diamètre de celle qui suit. On obtient, par cette disposition, la suppression des cercles ; on a aussi besoin d'un emplacement moins considérable pour un nombre égal d'élèves que lorsque les tables sont droites ; les autres avantages que l'on peut y trouver étant du ressort de la pédagogie, nous ne nous en occuperons pas ici.

4° *Aire de la classe.*

Pour établir l'aire de la classe, on attendra que les murs soient élevés de 1 $^{m.}$ (3 pieds), hors de terre ; après avoir bien battu le sol pour le consolider, on formera un blocage en petites meulières, gravois, ou recoupe, qu'on massivera bien avec du mortier, et que l'on couvrira d'un enduit de chaux, de sable et de charbon pilé. Ce blocage est préférable à un plancher en charpente et pour l'économie et pour la durée ; car l'humidité qui s'élève du sol finirait par en altérer les bois.

Dans quelques écoles, pour diminuer la dépense, on a formé l'aire avec une couche de terre salpêtrée ; mais le salpêtre étant un des sels les plus déliquescens, dans les temps de pluie, le sol se ramollit, les pieds s'y enfoncent, rendent la surface inégale, et outre l'inconvénient qui en résulte pour la santé, l'humidité finit par pourrir la base des bancs et des tables.

On y a substitué souvent un carrelage qui n'est pas non plus sans inconvénient. Les carreaux sont froids et humides, engendrent beaucoup de poussière, se descellent promptement, et peuvent ainsi causer des résultats fâcheux.

L'aire que l'on doit préférer est celle de frises ou planches étroites en sapin ou en chêne, assemblées à rainures et languettes, et clouées sur de petites solives ou lambourdes placées perpendiculairement à leur direction. Ces lambourdes, bien dressées par-dessous, poseront sur un lit de fougère qui les isolera du contact de la chaux. Elles seront reliées de distance en distance par de petites chaînes en blocage, et auront leurs intervalles remplis par du mache-fer ou résidu de la combustion du charbon de terre. La propriété qu'a le charbon d'être mauvais conducteur de la chaleur, rend ce plancher très sain par sa sécheresse habituelle.

5° *Planchers.*

Il est d'usage dans les campagnes de composer la charpente des planchers et des combles, de pièces nombreuses et d'un fort équarissage : C'est l'intérêt des entrepreneurs plutôt que celui des constructions ; car ces lourds amas de bois finissent par en compromettre la solidité. C'est dans le but de prévenir une dépense inutile et quelquefois dangereuse, que nous présentons les tables suivantes indiquant l'équarissage des principales pièces qui composent la charpente des planchers et des combles.

Les planchers doivent être formés de poutres posant sur le milieu des trumeaux, espacées de 4 mètres, et dont les intervalles ou travées sont remplis par des solives de 189 sur 95 millimètres (3 pouces 6 lignes sur 7), espacées de 32 centimètres (1 pied) de milieu en milieu, et assemblées dans la poutre.

La charge des planchers d'une classe peut être évaluée à 283 kilogrammes par mètre superficiel. Les dimensions des poutres indiquées dans la table suivante peuvent supporter une charge double.

LONGUEUR des poutres.		ÉPAISSEUR.		LARGEUR.	
Nouvelles mesures.	Anciennes.	Nouvelles mesures.	Anciennes.	Nouvelles mesures.	Anciennes.
mèt.	p.	m. c.	p. p. l.	m. c.	p. p. l.
6	18	0,343	1 0 8	0,267	0 9 11
6 à 7	18 à 21	0,376	1 1 11	0,281	0 10 5
7 8	21 24	0,413	1 3 3	0,314	0 11 7
8 9	24 27	0,447	1 4 6	0,328	1 0 2
9 10	27 30	0,474	1 5 6	0,370	1 1 8
10 11	30 33	0,498	1 6 5	0,405	1 3 0
11 12	33 36	0,521	1 7 3	0,443	1 4 5

Pour donner à ces poutres toute la résistance dont elles sont capables, on doit observer de bien encastrer leurs extrémités dans les murs latéraux. Le meilleur moyen serait de pratiquer dans l'épaisseur du mur une chambre entourée de briques maçonnées avec soin et posant bien de niveau, pour préserver la poutre du contact de la chaux et de l'humidité. Il faudra aussi scier la poutre en deux pour s'assurer de son intérieur, et en réunir les parties, au moyen de frettes placées aux extrémités, en mettant le sciage en dehors et en laissant un intervalle, de manière à ce qu'elles ne puissent se toucher : les portées seront préalablement enduites d'une mixtion d'huile et de goudron, et on réservera dans le plafond des ouvertures qui permettront à l'air de circuler entre les bois pour les dessécher.

Au delà de 10 mètres, il est utile d'armer la poutre. Pour cela, après l'avoir sciée en deux, on la fera refouiller de deux pouces de chaque côté, pour y emboîter deux décharges à plan incliné de 108 millimètres (4 pouces) sur 217 millimètres (8 pouces), provenant d'un même morceau refendu. Ces morceaux étant bien encastrés, on frettera les deux extrémités et on serrera le milieu au moyen d'un fort boulon. On peut, pour plus de solidité, se dispenser d'assembler les solives dans la poutre, en fixant sur chaque côté de celle-ci, au moyen d'étriers en fer, des lambourdes destinées à recevoir leurs assemblages.

Comme il est possible que les intervalles des solives interceptent une partie du son, on devra plafonner, s'il y a une classe au premier étage. On assourdira le plancher en le remplissant avec du foin bien sec.

6° *Combles.*

Dans les localités où le sapin est commun, on pourra, avec des planches de 25 centimètres (9 pouces) sur 60 millimètres, former des systèmes de comble aussi légers que solides. Dans tous les cas, on devra éviter les croupes, en élevant les murs à chaque extrémité de la classe en forme de pignons.

Table indiquant les dimensions des albalêtriers, entraits et poiçons pour différentes largeurs de comble.

LARGEUR DU COMBLE.		DIMENSIONS							
		EN NOUVELLES MESURES.				EN ANCIENNES MESURES.			
	mètres.	m.	mm.	m.	mm.	po.	lig.	po.	lig.
6 à	7	0,	216	0,	110	8	0	4	0
7	8	0,	232	0,	110	8	7	4	0
8	9	0,	237	10,	120	8	9	4	5
9	10	0,	252	0,	120	9	3	4	5
10	11	0,	256	0,	130	9	5	4	10
11	12	0,	271	0,	130	10	0	4	10

7° *Murs.*

Les murs de face en meulière ou en moellon peuvent avoir de 35 à 38 centimètres (13 à 14 pouces) d'épaisseur, s'il n'y a pas d'étage supérieur, et de 45 à 50 centimètres, (16 à 18 pouces), s'il y en a un.

Les pans de bois doivent avoir 21 centimètres (8 pouces) d'épaisseur.

Dans les petites communes rurales, on pourra employer avec succès des murs en *pisé*. Le pisé se compose avec de la terre franche passée à la claie, mouillée légèrement et bien également jusqu'à ce qu'elle soit susceptible de faire corps en la serrant avec la main. Les murs se construisent par parties, et au moyen d'un encaissement formé par un châssis et des planches qui en font les parois. Cette terre, mise en couche de 3 à 4 pouces, est battue au pilon jusqu'à moitié d'épaisseur. Le châssis a 20 pouces d'épaisseur. L'enduit où l'on doit employer la chaux préférablement au plâtre, ne se met que six mois après la construction des murs. Les jambages des portes, les bandeaux, etc., se font en pierre ou en brique.

Dans une classe nombreuse, les murs ayant un grand développement, et étant destinés à supporter, en raison de la largeur de la salle, un grand poids, surtout dans le cas d'un premier étage, seraient exposés à gauchir. On fera donc bien, au droit des poutres et dans chaque plancher, de pratiquer au rez de chaussée des chaînes verticales formant contre-forts à l'extérieur, si le mur est en moëlon, ou des décharges à l'intérieur, s'il est en pan de bois; ces décharges s'assembleront avec épaulement à l'extrémité des poutres ou des entraits; l'effort résultant du poids des planchers et de la couverture, se trouve alors en partie reporté intérieurement.

Quand les fenêtres auront plus de 2 mètres de largeur, il sera utile de les partager en deux, au moyen d'un poteau portant feuillure, et soutenant le milieu du linteau. Au lieu d'élever le mur au-dessus par assises horizontales, on pratiquera aussi un arc de décharge qui, plus large que la fenêtre, portera tout le poids du mur; on évitera ainsi le tassement, et les inconvéniens qu'il produit pour le jeu des croisées.

8° *Peinture des murs.*

Cadet de Vaux avait remarqué que dans les réunions nombreuses, les murs se pénètrent des exhalaisons infectes qui en transpirent par les variations de l'atmosphère, et que la chaux avait la propriété d'absorber ces miasmes. Il proposa en conséquence une peinture au lait dont la base était la chaux, et qui, outre l'avantage hygiénique qu'elle présente, forme un enduit en quelque sorte vernissé qui détruit la porosité des matières employées à la construction, et ralentit la nitrification de la pierre. Cette peinture pouvant être employée avec succès au blanchîment des murs de la classe et étant peu connue, nous allons en donner la recette.

Pour peindre six toises carrées en première couche, il faut deux pintes de lait écrêmé, six onces de chaux récemment éteinte, quatre onces d'huile de noix ou de lin, ou d'œillet, et trois livres de blanc d'Espagne.

On met la chaux dans un vase de grès, on verse dessus une portion de lait suffisante pour en faire une bouillie claire; on ajoute peu à peu l'huile en remuant avec une spatule de bois. On verse le surplus du lait, et enfin on délaye le blanc d'Espagne. Il est nécessaire d'y mettre une pointe d'ocre pour affaiblir l'effet fatiguant d'un blanc trop brillant. Cette peinture peut revenir à Paris à 63 cent. la toise, ou 15 cent. le mètre.

9° *Moyen d'utiliser les murs.*

Les murs doivent être peints en couleur de pierre, à la réserve d'une frise formant soubassement au bas des fenêtres, et qui sera de couleur gris-ardoise ou brun-marron; dans la partie supérieure, on peindra en noir les lettres de l'alphabet et les principales figures de la géométrie et du dessin linéaire. Entre les fenêtres, si les trumeaux offrent un espace suffisant, on placera des cartes murales sur une grande échelle et exécutées en détrempe. Ces espèces de fresque outre l'avantage de fixer les notions de géographie dans la tête des enfans, peuvent, étant bien disposées, fournir une décoration d'un bon effet.

10° *Mobilier de la classe.*

Estrade et Bureau.

L'estrade se place à l'extrémité de la salle, et s'adosse, s'il est possible, au mur qui la sépare des latrines. Elle est élevée au moins de 50 centimètres (18 pouces) au-dessus du sol de la classe, et on y monte par plusieurs marches. Elle est surmontée du buste du Roi, placé sur une petite console, et de l'inscription : *une place pour chaque chose; chaque chose à sa place.*

L'estrade sert à placer le bureau du maître, et dans les classes nombreuses, les tables des moniteurs généraux. Dans la partie où il n'y a point de marches, on établit une grille d'appui en bois.

Le bureau du maître se compose d'une table avec un grand pupitre; ses proportions sont 2 mètres (6 pieds) de longueur, sur 1 mètre (3 pieds) de largeur. On peut en fermer trois côtés par des panneaux, ou y pratiquer des armoires avec des tablettes pour serrer les différens objets en usage dans la classe. Les figures 1, 2, 3, Pl. VI, sont l'élévation, le plan et le profil d'une estrade avec bureau pour le maître, et tables pour les moniteurs généraux.

A, est le bureau.

B, le pupitre.

C, les marches conduisant directement au bureau; elles servent à parvenir jusqu'à la table du maître, et, dans les distributions, à monter sur l'estrade.

F, F (fig. 2), sont des marches latérales à l'usage du maître et des moniteurs généraux.

E, E (fig. 2 et 3), sont des planches fixées à la balustrade par des charnières, pouvant se lever et se baisser à volonté, et se fixant horizontalement au moyen d'un crochet de fer. Elles servent de tables pour les moniteurs généraux.

D est la balustrade en bois (fig. 1 et 3).

On voit (fig. 3) que les parties latérales du bureau contiennent des armoires fermées.

L'estrade est établie sur un châssis de charpente qui en supporte le plancher; les lignes ponctuées dans les trois figures indiquent la disposition des pièces qui le composent.

Bancs et Tables.

Les figures 4, 5, 6, indiquent en coupe, élévation et plan, la forme des bancs employés le plus ordinairement.

Le dessus de la table A est incliné et élégi à deux lignes de profondeur, pour empêcher les ardoises de glisser. Il porte aussi, à la partie supérieure et dans toute sa longueur, une rainure destinée à mettre les crayons (fig. 4). Le dessus du banc B est éloigné de l'aplomb de la table de 2 centimètres environ.

Aux deux extrémités et à une distance d'à-peu-près 1m 65 l'un de l'autre, on place des supports C C (fig. 4 et 5) qui s'assemblent à tenon dans les tablettes; ceux de la table sont échancrés pour faciliter les mouvemens des enfans. Ces supports sont reliés ensemble par des patins D fixés au plancher. Une barre ou entretoise E (fig. 4 et 5) maintient les supports de la table, et sert aux élèves pour poser leurs pieds. Comme dans les communes, la salle de l'École peut servir à des réunions, soit pour des élections, soit pour des fêtes, les corps de menuiserie doivent être susceptibles de s'enlever. Il faut donc, au lieu de les sceller, les attacher seulement au plancher par des plates-bandes en fer et de grosses vis.

A l'une des extrémités de la table, on fixe le long du support un porte-tableau F, qui, du côté opposé au modèle, reçoit deux anneaux ou pitons dans lesquels on fait glisser le bâton du télégraphe (fig. 5) : c'est aussi à cette extrémité qu'on place le tiroir G dans lequel on serre les ardoises et les crayons de tout le rang.

Les bancs et les tables doivent aller en augmentant de hauteur, à partir de celui qui est le plus rapproché de l'estrade. Ils forment ainsi une espèce d'amphithéâtre qui facilite la surveillance du maître. Cette différence de hauteur peut être de 12 centimètres.

Voici les dimensions d'une table de hauteur moyenne :

	m.	c.	ou p.	p.	lig.
Hauteur de la table.....	0	74	2	2	15
Largeur du dessus......	0	25	0	8	15
Hauteur du banc.......	0	43	1	3	10
Largeur...............	0	18	0	6	7
Hauteur du porte-tableau	1	45	4	4	9
Largeur...............	0	10	0	3	8
Longueur du patin......	0	50	1	6	

	m.	c.	m.	c.	sur p.	lig.	p.	lig.
Équarissage.........	0	07	0	06	2	7	2	2
Équarissage de la barre	0	06	0	05	2	2	1	10

Les figures 7, 8, 9 sont les détails d'un système de table employé tout récemment dans l'École de la rue de l'Arcade à Paris, et qui paraît présenter quelques avantages sur l'ancien. Le moniteur se trouve avoir une place distincte plus élevée que les autres, et qui lui permet de surveiller toute sa classe. A est le tabouret du moniteur, placé sur un socle O, terminé par un demi-cercle.

B est un pupitre à son usage garni d'un encrier, et dont le fond est formé par le dessus de la table.

Le porte-tableau E est placé obliquement, et passe dans une entaille pratiquée sur le côté du pupitre.

Ici, comme pour les bancs précédens, il faut avoir soin d'arrondir les angles.

Voici les dimensions d'une table de hauteur moyenne et de ses accessoires :

	m.	c.	ou p.	p.	lig.
Hauteur de la table.....	0	74	2	2	15
Largeur...............	0	25	2	8	15
Hauteur du banc.......	0	47	1	5	4
Largeur...............	0	18	0	6	7
Hauteur du tabouret....	0	54	1	7	10
Longueur..............	0	28	0	10	3
Largeur...............	0	18	0	6	7
Hauteur du pupitre......	0	15	0	4	9
Longueur..............	0	40	1	2	9
Largeur...............	0	22	0	8	0
Longueur du socle depuis l'aplomb du pupitre inclusivement jusqu'à l'extrémité du cercle.........	0	55	1	8	3
Hauteur du porte-tableau.	1	45	4	4	9
Largeur...............	0	10	0	3	8

Pour être solide, cette menuiserie doit être exécutée en chêne. Quelquefois, par un motif d'économie, on fait seulement en chêne les tablettes de dessus, et le reste en sapin. Mieux vaudrait alors ne se servir que de ce dernier bois. Car les tenons étant en bois tendre, et les mortaises en bois dur, celles-ci finissent par les user, les assemblages perdent leur justesse, et les tables sont bientôt hors d'état de servir.

Les figures 10, 11, 12, présentent l'extrémité de la table de sable, et le détail du rabot qui sert à l'aplanir. A, fig. 10, est le renfoncement qui contient le sable, B (fig. 10 et 11) le rabot en plan et en profit. C est l'ouverture par où s'écoule le surplus du sable, qui tombe dans le tiroir D (fig. 10 et 12). L'ouverture de ce tiroir doit être placée sur le côté, afin que les enfans ne puissent ni le tirer, ni le pousser.

La figure 12 est une coupe faite sur la largeur de la table et sur l'ouverture communiquant avec le tiroir.

L'extrémité de la table doit être renforcée par une forte plate-bande en fer, afin de pouvoir résister au choc réitéré du rabot (fig. 10 et 11).

Cercles.

La dimension des cercles dépend du nombre d'élèves qu'ils doivent contenir aux groupes. On doit les faire pour 7, 8, ou 9 enfans au plus, y compris le moniteur.

L'expérience prouve qu'on doit compter 25 centimètres de développement pour chaque élève. Ainsi les groupes de 7 élèves occuperont 1 m. 75; ceux de 8 élèves, 2 m.; ceux de 9, 2 m. 25; de cette manière, les cercles autour desquels les élèves se rangeront extérieurement auront, dans le premier cas, 1 m. 25; dans le second, 1 m. 50; dans le troisième, 1 m. 75.

Pendant long-temps, les cercles ont consisté en des tringles de fer courbées, placées à la base de la muraille et fixées de manière à pouvoir se lever et se baisser à volonté. On leur a substitué de gros clous, de trois centimètres environ de diamètre, à tête légèrement convexe, enfoncés dans le plancher et disposés en demi-cercle.

Cette méthode peut offrir quelques inconvéniens, surtout si l'un des clous se détache. Il serait préférable d'employer des plates-bandes minces en fer, arrondies en demi-cercle et entaillées dans le plancher auquel elles seraient fixées par des vis à tête plate.

Tableaux.

Chaque demi-cercle est surmonté, à 66 centimètres environ du sol, d'un tableau noir de 1 m. de long sur 0 m. 70 de large. Il peut être fixé à demeure, ou seulement accroché à des clous au moyen de pitons.

Au-dessus de chaque tableau on placera un numéro correspondant au numéro d'une table; ces tableaux se font en bois blanc; il faudra observer que le bois soit bien sec, et même on fera bien de les emboîter en chêne aux deux extrémités; car, sans ces précautions, ils seraient sujets à gauchir. On les peint en noir et on les couvre d'une couche de vernis.

Planchettes.

A côté de chaque tableau on place une planchette de 32 centimètres de long sur 22 de large (1 pied sur 8 pouces), destinée à poser les livres et les ardoises, qui se lève et s'abaisse à volonté, et qui se fixe horizontalement au moyen d'un petit crochet en fer; mais cette disposition permet aux enfans de pousser souvent le crochet soit volontairement, soit involontairement, et de faire tomber tout ce qui se trouve sur la planchette.

Dans quelques écoles les planchettes ont été remplacées par un petit banc régnant autour de la salle, et qui, remplissant les mêmes usages, peut encore servir de marche-pied pour prendre les tableaux placés au-dessus. Il sert aussi dans les distributions des prix, où l'on est obligé d'ajouter des bancs supplémentaires. Un de ses autres avantages est d'empêcher les enfans qui se trouvent aux deux extrémités d'un troupe, de contracter l'habitude de loucher en s'appuyant contre le mur pour regarder le tableau. Ces considérations devraient, malgré la dépense un peu plus forte qui en résulte, faire préférer le petit banc aux planchettes. Le reste du mobilier de la classe n'entrant point dans le cercle qu'on s'est tracé dans cet ouvrage, on pourra consulter les manuels qui traitent spécialement de la pédagogie.

Les Pl. VII et VIII représentent la coupe transversale et longitudinale d'un bâtiment contenant au rez-de-chaussée une classe de garçons, et au premier étage une classe de filles. Elles renferment le détail entier tant de la construction que de la disposition d'une classe. C'est un résumé exact de tout ce qui a été dit précédemment.

CHAPITRE II.

DU PRÉAU COUVERT.

1° *Usage et disposition du Préau couvert.*

Le préau couvert sert de salle de repas pour les enfans; il peut aussi les abriter pendant les récréations, quand il fait mauvais temps.

Lorsqu'il n'y a pas de salle d'arrivée spéciale, le préau doit se trouver à l'entrée de l'École; quelquefois cependant on l'a placé dans un étage supérieur. Mais les accidens qui résultent de la montée et de la descente des escaliers par un grand nombre d'enfans, doivent faire rejeter cette disposition comme vicieuse. Elle ne peut être tolérée tout au plus que dans une capitale, où le terrain étant à un prix fort élevé, on cherche à le ménager le plus possible.

2° *Placement des fenêtres et porte-casquettes.*

C'est dans le préau que se déposent les paniers et les casquettes; il est donc nécessaire de faire régner autour du mur, à environ 2 mètres de hauteur, une rangée de tringles avec des chevilles en bois, auxquelles les enfans accrochent leurs casquettes en arrivant. Les paniers se déposent sur les bancs qui entourent le préau. Ceux qui sont au centre sont doubles, et ont dans leur milieu des montans qui supportent des porte-casquettes; tous doivent être scellés solidement; sans cette précaution, ils seraient brisés en peu de temps.

Le préau est éclairé par des jours placés latéralement au-dessus de la rangée des porte-casquettes; il est nécessaire que ces jours soient nombreux pour l'aérer convenablement, et dissiper la mauvaise odeur résultant des alimens de toute espèce dont les paniers sont remplis.

3° *Estrade et Fontaine.*

A l'une des extrémités du préau, on place une petite estrade destinée au moniteur qui surveille les repas, et à l'autre, une fontaine avec un gobelet en fer battu, suspendu à une chaîne également en fer. Cette fontaine est de première nécessité. L'eau doit y être abondante, afin que l'été les enfans puissent y faire des ablutions aussi indispensables au bien-être qu'à la propreté. Le seau de bois placé ordinairement sous le robinet sera remplacé par une auge en pierre qui rejettera les eaux à l'extérieur au moyen d'un conduit. On détruira ainsi une cause de mauvaise odeur pendant les grandes chaleurs.

4° *Citerne ou Réservoir des eaux pluviales.*

Dans beaucoup de localités on est obligé pour se procurer de l'eau de l'aller chercher à de grandes distances, et de la conserver pendant long-temps dans des tonneaux, ou d'employer de l'eau de puits qui souvent contient des sels dangereux pour l'économie animale. Rien n'est moins rare dans les campagnes que de voir certaines affections communes à tous les habitans d'un endroit, et qui ne proviennent que de l'usage des eaux malsaines. Cependant il est un moyen bien simple de se procurer d'excellente eau pour la boisson et les usages domestiques : c'est de réunir dans un réservoir ou citerne les eaux pluviales, c'est d'imiter ce que fait la nature dans l'infiltration des eaux de pluie au travers du sol pour en former les sources et les ruisseaux. L'eau du ciel étant, en effet, le produit de l'évaporation, ne contient aucune matière étrangère, et par conséquent doit être préférée à toute autre pour servir de boisson. Ce serait donc un véritable service à rendre à un grand nombre de communes dans lesquelles les habitans sont ou languissans ou malsains, dans lesquelles les générations dépérissent de jour en jour, que de donner l'exemple d'une construction aussi utile et moins dispendieuse qu'un puits, en établissant une citerne dans la maison d'école; le devoir même de l'autorité serait d'y contraindre la négligence ou l'ignorance des communes. Car il est à croire que c'est surtout à l'effet de l'eau sur les estomacs délicats des enfans qu'il faut attribuer la plus grande partie des maux qui se développent dans un âge plus avancé.

On sait qu'il tombe par année environ 50 cent. (18

pouces) d'eau sur la terre dans notre climat. Le toit du préau représenté Planche IX, occupant en projection une surface de 65 mètres superficiels, la quantité d'eau que le toit recevra dans une année peut être évaluée à 32 mètres cubes ou 32,000 litres, ce qui revient à 34,000 pintes. On a donc 87 litres à consommer par jour.

Ce préau pouvant servir pour 150 élèves, l'eau seule qu'il recevrait de la pluie donnerait à chaque élève un peu plus d'une demi-pinte à consommer par jour. On voit quelle ressource on aurait en employant les eaux qui tombent sur les autres toits.

Toutes ces eaux seront dirigées, au moyen de gouttières, dans une petite chambre *a* (fig. 1 et fig. 3) entourée de murs et voûtée intérieurement, sans aucune communication ouverte avec l'extérieur. Une partie *b* (fig. 1) communiquera de plain-pied avec le préau par une porte qu'on aura soin de fermer bien hermétiquement, et servira à placer l'échelle pour visiter ou nettoyer le réservoir placé en *a*. Ce réservoir, fait en plomb, doit au moins pouvoir contenir la douzième partie de la quantité totale d'eau qui doit être reçue dans une année. Ainsi, dans l'exemple rapporté plus haut, il devrait contenir $\frac{32000}{12}$ à ou peu près 3 mètres cubes. Il est isolé du mur et du radier ou construction inférieure par un encaissement en bois recouvert intérieurement de forts madriers; les intervalles sont remplis par du charbon, ou par un mélange de terre à poële et de bourre. La non conductibilité de ces matières entretient l'eau dans une température moyenne qui lui donne de la fraîcheur dans l'été, et l'empêche de geler en hiver.

On peut remplacer avec économie les réservoirs de plomb par une construction en beton, enduite soit avec du ciment naturel de Pouilli, soit avec un ciment obtenu par le mélange de la poudre de poteries de grès, de mâchefer, de tuileau et de pierre meulière, bien broyée avec de la chaux vive.

Le réservoir, comme le montre la coupe *a* (fig. 3), est divisé en deux parties. La partie supérieure, qui communique avec l'inférieure au moyen de petits orifices percés dans le fond, est destinée à contenir du gravier ou des pierres ponces, à travers lesquelles l'eau filtre et dépose les saletés dont elle peut s'être chargée sur les toits.

Comme dans les pluies continues le réservoir pourrait se trouver plein, et l'eau se répandre au dehors, un petit tuyau de plomb dont l'orifice sera placée un peu au dessous du niveau du réservoir, rejettera à l'extérieur le surplus de l'eau.

Il faudra aussi avoir soin de placer le fond du réservoir à la hauteur du robinet; de cette manière, on évitera de laisser l'eau séjourner trop long-temps dans la partie inférieure.

Tels sont les moyens qui nous paraissent le plus propres à l'établissement d'une pareille citerne.

5° *Murs. — Aire du Préau.*

Le mur qui se trouve sur la cour devant être percé d'un grand nombre de baies, se composera soit de poteaux placés au droit des fermes avec des cloisons, soit de pieds-droits en briques, avec des remplissages de l'épaisseur de la brique posée à plat. Dans toute la longueur règnera un petit mur ou parpaing de 50 cent. (18 pouces) environ de hauteur formant le dé à chaque poteau ou pied-droit.

L'aire du préau qui doit être sensiblement la même que celle de la rue, sera formée par un carrelage en carreaux de terre cuite, ou en briques posées de champ. Toute cette disposition est représentée Pl. IX, fig. 1, 2, 3. Le préau est supposé adossé au mur de la rue et couvert par un comble en appentis, comme on peut le voir dans la figure 2, qui montre le système de charpente qu'on doit employer. On peut se dispenser de plafonner; mais, dans ce cas, les pièces de bois devront être équarries proprement, et recouvertes d'une couche de couleur à l'huile; les lattes seront remplacées par des voliges ou petites planches en bois blanc.

La fig. 1, Pl. IX, est le plan pris au-dessus de l'estrade.

f, *f*, *f*, sont les bancs.

e, est l'estrade du surveillant, élevée de 50 centimètres (18 pouces).

c, est la fontaine avec son auge en pierre.

g, g, sont les portes d'arrivée.

h, *h*, sont les portes conduisant dans l'intérieur de l'école.

La fig. 2 est la coupe sur la ligne de plan C D; elle montre les rangées de bancs, le profil des porte-casquettes, et la face de la fontaine supposée en pierre.

La fig. 3 est la coupe sur la ligne A B.

Elle présente l'élévation des bancs, la disposition des jours, le profil de l'estrade, les quatre fermes qui soutiennent l'appentis, le cours de panne et les chevrons.

CHAPITRE III.

DES AUVENS ET DES LATRINES.

AUVENS.

Les auvens établissent une communication à couvert entre les différentes parties de l'école. Ils sont ordinairement placés de chaque côté de la cour.

Ils doivent consister uniquement dans un petit toit en appentis, dont les points d'appui sont des jambes de force scellées dans le mur, à peu près à 2 mètres, et recouvert en ardoises, ou mieux encore en feuilles de zinc. Les bois sont apparens, et peuvent servir d'instrumens de gymnastique pour les exercices de suspension, Chap. IV, § 3.

On doit éviter tous les points d'appui verticaux tels que colonnes, pieds-droits, etc. On en trouve dans quelques écoles de Paris, où les auvens deviennent ainsi des portiques couverts; mais les maîtres qui les dirigent sont obligés, dans la crainte des accidens, d'empêcher les enfans de jouer dans la cour. La même considération doit engager à établir le sol qui se trouve sous les auvens au même niveau que celui de la cour, ou du moins, s'il est plus élevé, de ménager une pente douce, comme le représente la fig. 4, Pl. IX, qui est la coupe transversale d'un auvent. On doit le ferrer, c'est-à-dire le former avec de petits cailloux bien battus, pour qu'il offre un chemin praticable même pendant le mauvais temps.

LATRINES.

1° *Disposition et surveillance des Latrines.*

Les latrines doivent être accessibles d'une manière directe à toutes les parties qui composent l'école.

Durant la classe, le maître doit pouvoir les surveiller de sa place. A cet effet, on pratiquera dans le mur qui les sépare de la salle une ou plusieurs ouvertures fermées par un châssis vitré. Si on ne pratique qu'une seule ouverture *d* comme dans le plan, fig. 1, Pl. X, on aura soin de lui donner assez d'évasement pour que, sans se déranger, le maître puisse parcourir de l'œil toute l'étendue des latrines.

S'il y a plusieurs classes, comme dans une école pour filles et garçons, on devra placer les latrines contiguës les unes et les autres, afin de n'avoir besoin que d'une fosse.

La porte ne doit pas donner immédiatement dans la classe. Un petit vestibule *f* sera placé en avant pour empêcher la mauvaise odeur d'y pénétrer.

2° *Cabinets. — Modes pour les Siéges.*

On pratiquera un certain nombre de cabinets *a*, (fig. 1 et 2), séparés par des cloisons en bois, en briques, ou mieux encore en plaques de fonte couvertes d'une couche de peinture à l'huile, posant sur parpaing, et fermées par des portes de 1 mètre de hauteur. Si on établit des siéges, ces portes ne descendront que jusqu'au niveau de la tablette où l'on pose les pieds.

Mais dans les latrines pour les enfans, les siéges entraînent des désagrémens et même des dangers. Il est préférable d'y substituer des ouvertures à fleur du sol; on obtient ainsi d'ailleurs une plus grande propreté.

Dans chaque cabinet on scellera une dalle (fig. 4 et 5) d'une plus grande épaisseur que les autres, forée dans son milieu d'un trou d'environ 0^{m}, 22 (8 pouces) de diamètre, et communiquant avec la fosse au moyen d'un conduit pratiqué dans l'épaisseur de la voûte. Cette dalle, dont l'orifice pourra être divisé en deux parties par une petite tringle en fer, sera creusée comme le représente la fig. 5.

Dans un coin des latrines où l'on emploiera des siéges, on placera un urinoir *b* (fig. 1 et 2) en forme d'auge, doublé en plomb, et qui communiquera avec la fosse au moyen d'un conduit.

3° *Mode d'exécution de la fosse. — Précaution pour la vidange.*

La fosse d'aisance, toutes les fois qu'elle ne peut pas être à fond perdu, demande à être construite avec le plus grand soin. Dans la construction des murs, on emploiera de préférence la meulière, et on l'isolera de la terre par une couche de glaise bien foulée; on en fera autant pour le fond de la fosse qu'on pourra former d'un blocage de 33 cent. (1 pied) environ d'épaisseur, et auquel on donnera une forme légèrement concave (fig. 5). Le tout sera recouvert d'un enduit de 4 pouces d'épaisseur de bon mortier de chaux et sable, ou chaux et grès, s'il est possible. Ce dernier mortier, composé avec de vieux pavés réduits en poudre, est excellent pour résister à l'action de l'humidité.

La fosse doit être voûtée; les reins de la voûte seront formés de blocage ou de recoupes de pierre, et recouverts d'une forme de mortier de chaux et grès pour recevoir les dalles formant l'aire des latrines.

Dans un endroit commode pour le service de la vidange, tel que le petit vestibule, on pratiquera une ouverture *e*, fig. 1, de 0^{m}, 54 sur 1, 65 (20 pouces sur 24 pouces), avec un châssis en pierre et un tampon mobile de 0, 08 cent. (3 pouces) d'épaisseur, à joint recouvert, et portant dans son milieu un anneau de fer scellé en plomb.

La vidange des fosses étant une des opérations les plus dangereuses par l'exhalaison des gaz qui s'en dégagent, on aura la précaution, au moment de l'ouverture, d'y jeter une certaine quantité de chlorure de chaux. Cette matière, résultant de la combinaison du chlore et de la chaux, et qui se vend très bon marché, jouit de la propriété de décomposer rapidement les exhalaisons qui peuvent donner la mort si on a l'imprudence de les respirer.

Comme on pourrait ne s'en procurer que difficilement dans certaines localités, et qu'il n'est guère possible de le conserver long-temps, on remplacera le chlorure de chaux en faisant la fumigation suivante. On prendra du sel commun ou de cuisine, on le mettra avec du péroxide de manganèse dans un vase de verre ou de porcelaine que l'on placera dans un plat creux rempli de sablon, sur un fourneau allumé. Au moment où l'on enlèvera le tampon mobile, on mettra le fourneau à l'entrée de l'ouverture, et on versera sur le sel une certaine quantité d'acide sulfurique (huile de vitriol) affaibli par son mélange avec de l'eau. On verra de suite le chlore s'élever sous la forme de vapeur jaunâtre qui, en se mêlant aux exhalaisons sorties de la fosse, les neutralisera successivement. Le maître devra avoir toujours chez lui les matières que nous avons indiquées tout-à-l'heure, qui sont d'un très bas prix, et dont l'emploi soit au dehors, soit dans son école, le dédommagera amplement par son utilité de la faible dépense qu'il aura faite.

4° *Ouvertures pour aérer. — Désinfection au moyen des ventouses.*

Le voisinage des latrines, avec quelque propreté qu'elles soient tenues, est cependant une source d'exhalaisons méphitiques, si on n'a pas le soin de les aérer convenablement. Il faudra donc les placer de manière à pouvoir pratiquer les ouvertures nécessaires à l'évacuation du mauvais air. C'est un des points les plus importans et les plus difficiles d'un plan d'école, surtout si l'on veut que la surveillance soit facile. Ces ouvertures seront disposées soit dans les murs soit dans la toiture. Dans ce dernier cas, les tuiles seront remplacées par des planches rangées par échelons comme les lames des persiennes, entre lesquelles l'air pourra circuler librement, et qui, se recouvrant l'une l'autre, empêcheront la pluie de pénétrer. Ces lames seront peintes à l'huile, ou mieux encore revêtues de lames de plomb ou de zinc.

Des ouvertures même nombreuses ne suffisent pas pour enlever la mauvaise odeur. C'est dans la fosse même, pour ainsi dire, qu'il faut aller combattre les exhalaisons et les contraindre à sortir. C'est ce qu'on fait au moyen des ventouses dont l'usage et le jeu sont presque complètement ignorés. Une ventouse est un tuyau *c* (fig. 1, 2, 3) partant de la fosse, et s'élevant au-dessus du toit, à l'instar des cheminées ordinaires. L'air s'introduisant par la chausse *o* (fig. 3) descend dans la fosse, et contraint la vapeur à s'échapper par la ventouse. Mais pour que cet appareil fonctionne, il faut lui donner la vie. Il ne suffit pas, comme on le fait quelquefois, de pratiquer un tuyau partant de la fosse; car on conçoit qu'il n'y a pas de raison pour que les vapeurs sortent plutôt par l'ouverture *p* que par l'ouverture *o*.

Il est une condition indispensable, c'est que l'air renfermé dans le tuyau ou ventouse soit plus léger que celui qui entre par la chausse; car alors celui-ci, en vertu de sa plus grande pesanteur, descend comme l'indique la flèche, et pousse dans le tuyau celui qui est plus léger. Cette action se renouvelant sans cesse, le courant devient continuel de *o* en *p*. Telle est l'action que doit produire une ventouse pour avoir un résultat utile.

Or il est un moyen de rendre l'air de la ventouse plus léger que l'air extérieur, c'est de l'échauffer, même en un seul point; cette condition est facile à remplir, quand les latrines, comme cela doit être, sont contiguës à la classe; il suffit, en effet, de faire arriver dans la cheminée d'appel le tuyau du poële ou un tuyau de chaleur *r*. La colonne d'air qui y est contenue s'échauffe, et bientôt le courant s'établit, emportant dans l'air, où elles se dispersent, toutes les vapeurs méphitiques. Le courant est d'autant plus rapide que l'air extérieur est plus froid; aussi il faut avoir soin, quand l'air arrive par des jours placés dans les cabinets, de les fermer par des espèces de persiennes qui le forcent, en passant à travers les lames qui les composent, à prendre une direction vers le plafond (fig. 2 et 3.) S'il y a deux étages de latrines, le tuyau devra toujours être élevé au-delà du dernier.

Comme l'été on ne fait pas de feu, on est obligé soit de construire un petit fourneau d'appel, soit de suspendre une lampe allumée dans l'intérieur de la cheminée; la chaleur produite suffit pour faire marcher l'appareil. On peut aussi employer la chaleur naturelle des rayons du soleil combinée avec l'effet du vent; pour cela, on placera au-dessus de la cheminée un tuyau en tôle recouvert d'une légère couche de peinture composée de noir de fumée dissous dans le vernis. Le noir de fumée étant celui de tous les corps qui absorbe le plus de calorique, pourra, exposé à l'ardeur du soleil, acquérir un degré de chaleur très-élevé, et en communiquer une partie à l'air contenu dans le tuyau; dès-lors il se formera un courant ascendant. Pour que ce moyen réussisse, il faudra avoir soin que les ouvertures qui permettront à l'air de pénétrer dans les latrines soient exposées au nord. Afin d'augmenter le tirage, et suppléer en partie à l'effet du soleil lorsqu'il ne paraîtra pas, on placera à l'extrémité du tuyau le petit appareil indiqué fig. 6, qui est une espèce de gueule de loup. Cet appareil fondé sur la propriété qu'ont les liquides en mouvement d'entraîner les liquides qu'ils touchent, consiste dans un tuyau tournant à l'une des ouvertures duquel est un entonnoir. Le disque *c* sert à placer le grand côté *a* dans la direction du vent. Le courant entrant dans cette ouverture pour sortir par l'autre, attire l'air contenu dans le tuyau et l'entraîne avec lui.

La fig. 7 est la coupe d'un appareil destiné au même usage, et fondé sur le même principe. Il se compose de deux cônes tronqués *ab*, *bc*, entre la surface desquels le vent s'engouffre et sort par le sommet, entraînant avec lui l'air du tuyau. Un disque *de*, placé horizontalement, le défend contre la pluie.

Tels sont les moyens qu'on peut employer pour désinfecter les latrines ; s'ils entraînent à quelques dépenses les avantages qu'ils présentent suffisent bien pour les compenser.

CHAPITRE IV.

PRÉAU. — GYMNASTIQUE. — LOGEMENT DU MAITRE.

PRÉAU.

Toute maison complète d'Ecole primaire doit renfermer un préau ou cour destinée aux jeux des enfans.

Dans aucun cas, cette cour ne sera pavée. Le sol, bien dressé, avec les pentes nécessaires, sera damé et sablé.

A l'entour on placera quelques bancs, et une petite fontaine, si l'on peut se procurer de l'eau facilement.

Doit-on y faire des plantations? c'est une question sur laquelle les avis sont partagés. Il est vrai que les arbres procurent dans l'été de l'ombrage et un abri contre les ardeurs du soleil, que leur végétation est un excellent moyen d'assainir l'air; mais, d'un autre côté, ils répandent de l'humidité autour d'eux, et, dans les temps pluvieux, retardent la dessication du sol, ce qui peut, jusqu'à un certain point, altérer les constructions. Il devienent en outre la cause de coups et de chutes dangereuses. La disposition du plan et la propre expérience du maître pourront seuls décider cette question.

GYMNASTIQUE.

1° *Son utilité.*

Un des moyens les plus convenables d'utiliser un préau sera d'y établir une gymnastique. La gymnastique embrasse la pratique des exercices qui peuvent donner au corps la souplesse, la force, l'agilité, et à l'esprit le courage et la sécurité dans des circonstances périlleuses. Sous ce point de vue, la gymnastique peut devenir la source d'actions courageuses et généreuses. Aussi a-t-on cru devoir la faire entrer dans le système d'éducation actuel. Déjà des colléges, des institutions particulières ont établi des gymnastiques. Si les enfans qui suivent ces établissemens, destinés pour la plupart à exercer plutôt les fonctions de l'esprit que celles du corps, en retirent un avantage réel, combien, à plus forte raison, devrait-on établir cette sorte d'éducation physique dans les Ecoles primaires, fréquentées par des enfans pour qui un jour l'adresse et la force seront une des conditions de leur existence. Que de professions dangereuses en tireraient avantage pour ceux qui les exercent! Que d'accidens fréquens seraient évités, si les hommes acquéraient, dès leur enfance, l'habitude de l'adresse et du sang-froid! Ces considérations nous ont fait penser qu'il ne serait pas sans intérêt de présenter ici la description, accompagnée de figures, des appareils les plus simples de la gymnastique, et celle de leur emploi.

2° *Machines.*

1° Mât horizontal.

Ce mât, représenté dans les fig. 1, 2, 3, Pl. XI, sert à apprendre aux élèves à marcher sur des poutres, à se tenir en équilibre, et à leur donner les premières notions de la gymnastique. Ce mât *a* repose sur des tasseaux *b* en bois, entaillés dans leur épaisseur comme le montre la coupe, fig. 2, afin de le recevoir dans sa partie inférieure. Ces tasseaux servent à le préserver de l'humidité, en l'éloignant de quelques pouces du contact du sol. Il est terminé par deux boules avec une gorge pour donner les moyens de le mouvoir avec plus de facilité. Ces boules peuvent être faites en bois ou en fer. Dans ce dernier cas elles sont moins grosses et fixées au moyen d'un goujon.

2° Barres parallèles.

C'est au moyen de ces barres que les élèves apprennent à suspendre le corps en s'appuyant sur les mains et sur les pieds, à lancer les jambes sans toucher la terre, et à franchir les obstacles en hauteur.

Cet instrument se compose de quatre poteaux ou montans *a* (fig. 4, 5, 6, Pl. XI), scellés dans un massif de maçonnerie, et qui reçoivent parallèlement deux traverses *b* arrondies sur la face supérieure. Ces traverses sont assemblées à tenons avec les poteaux, et y sont maintenues solidement au moyen de colliers en fer et de plates-bandes (fig. 4). Les poteaux ont 16 centimètres (6 pouces) d'équarissage, et les traverses pour une longueur de 2 mètres 70 centimètres (8 pieds) ont 19 centimètres (7 pouces) de hauteur sur une épaisseur de 8 centimètres (3 pouces). L'élévation des barres au-dessus du sol varie de 81 centimètres (2 pieds 6 pouces) à 1 mètre (3 pieds).

3° Barres de suspension.

Tous les exercices ayant pour but la *résistance* et *la fermeté*, tels que d'enlever le corps au moyen de points d'appui supérieurs, et de marcher en se soutenant seulement par les poignets, s'exécutent au moyen d'un système de potences *a* (fig. 7 et 8, Pl. XI), espacées entre elles d'environ 2 mètres 50 centimètres (7 pieds 6 pouces), et soutenant des barres horizontales *b*. La pièce de bois marquée *a*, arrondie aussi en dos d'âne (fig. 7), est scellée solidement dans le mur, et de plus est maintenue par un lien de fer *c* fixé à une ancre *d*.

Un banc de bois *e* est placé dans toute la longueur des barres de suspension.

4° Mât de voltige.

Le mât de voltige sert à passer les poutres à cheval et debout, à franchir les barrières, à se relever, à sauter en largeur et en profondeur, etc. Cet instrument se place au milieu d'un fossé d'environ 60 centimètres (2 pieds) de profondeur, rempli de sable fin. Il se compose d'un mât *a*, d'une plate-forme *b*, d'un support *c*, et de plusieurs points d'appui (fig. 9, 10, 11 et 12, Pl. XI).

Le mât a 13 mètres (40 pieds) de longueur; son diamètre, du côté du support, est de 15 centimètres (5 pouces 6 lignes), et du côté de la plate-forme de 217 millimètres (8 pouces). La plate-forme *b* est placée sur une maçonnerie en blocage. Elle consiste (fig. 9, 10, 11) en quatre châssis verticaux formant trois travées d'inégale largeur.

Chacun de ces châssis est scellé dans des dés de pierres, et composé de deux pièces inclinées *g*, *g*, et d'un montant *k*, reliés du haut et du bas par deux traverses horizontales *l*. Tous ces bois ont 164 millim. (6 pouces) sur 11 centim. (4 pouces); deux entretoises *m*, *m* (fig. 9 et 10), fixent invariablement ce système au moyen d'entailles faites au tiers de leur épaisseur, et s'ajustant avec chacune des traverses *b*, comme le montre le détail (fig. 13). La plateforme *n* quarderonnée est fixée à ces châssis par des boulons entrant dans la traverse supérieure *l*, et maintenus en dessous par des écrous. La largeur hors œuvre des châssis est de 2 mètres (6 pieds) en bas, et de 50 centimètres (1 pied 6 pouces) en haut.

Les travées latérales, formées par les châssis (fig. 11), ont 65 centimètres (2 pieds) de largeur, les épaisseurs des bois comprises. Elles sont remplies par des marches de 27 centimètres (10 pouces) d'emmarchement, et placées entre elles à une distance de 245 millim. (9 pouces) sur les pièces *g*, où elles s'assemblent, avec embrèvement; leur coupe et leur assemblage sont indiquées fig. 14 et 14 *bis*.

La travée du milieu est destinée à recevoir l'extrémité du gros mât. A cet effet, les deux pièces *g*, *g*, sont percées de plusieurs trous dans lesquels on entre un fort boulon de fer qui sert de point d'appui mobile. Toutes ces différentes pièces de bois doivent être assemblées avec le plus grand soin à tenons et à mortaises, et solidement chevillées.

La même attention doit être apportée à la construction du support *c*. Ce support est établi sur un patin (fig. 9 et 10) composé d'une pièce principale *d* de 16 centimèt. d'épaisseur (6 pouces), sur 219 millim. (8 pouces) de largeur, et de deux autres *e* de 16 centim. (6 pouces d'équarissage, qui viennent s'y assembler. Deux montans *f* (fig. 10 et 12), de 2 mètres 20 centimètres (6 pieds 7 pouces 5 lignes), sont fixés dans la pièce *d*, laissant entre eux un intervalle de 0^{m}, 23 centimètres (8 pouces 6 lignes). Ces montans ont 16 centimètres sur 108 millimètres (6 pouces sur 4). Ils sont renforcés à 50 centimètres (18 pouces du sol), comme le montre la (fig. 12), et reliés entre eux par deux traverses *g*. Chacun de ces montans est arc-bouté (fig. 10) par deux contrefiches *k* qui s'assemblent dans les pièces *e*. Des trous servent à recevoir le boulon qui soutient le mât. Au moyen de ce boulon et de celui de la plate-forme on peut donner au mât toutes sortes de positions.

Le mât est en outre soutenu dans sa longueur par des espèces de chevalets formés de madriers creusés en demi-cercle à leur extrémité supérieure. Les figures 9 et 10 représentent un de ces chevalets posé sur un plus petit qui lui sert de cale. La figure 15 en montre l'élévation.

C'est de la plate-forme qu'on s'élance pour sauter, et afin de pouvoir apprécier la hauteur du saut, on place à une distance de 2 mètres (6 pieds) deux poteaux *q* (fig. 9, 10 et 16), espacés de 4 mètres (12 pieds), et portant sur deux chevilles une corde aux extrémités de laquelle on suspend deux poids Ces chevilles sont placées ainsi que la corde du côté opposé à la plate-forme; elles sont arrondies au bout et permettent à la corde de s'échapper au moindre effort que produit le contact des pieds.

Les poteaux élevés eux-mêmes de 4 mètres sont divisés en décimètres avec leur numération et le trou destiné à recevoir la cheville. Les mètres sont distingués par une forte barre peinte en noir.

5° Portique.

Le portique est la principale machine de la gymnastique; sa forme, la diversité des instrumens qu'il peut recevoir, permettent d'y faire un grand nombre d'exercices.

Les fig. 1, 2, 3, (Pl. XII) représentent le plan, l'élévation et le profil d'un portique avec le fossé de sable qui l'entoure. Il a 4 mètres (12 pieds) au-dessus du sol, et 9 mètres (27 pieds) de long entre les poteaux. Ces poteaux *a*, qui ont 21 centimètres (8 pouces) d'équarissage, sont enfouis de 1 mètre dans le sol. Ils reposent sur un patin recouvert à 50 centimètres (18 pouces) de gravois bien battus. Le surplus de la hauteur est rempli par du sable fin que l'on a soin de passer à la claie pour le séparer des pierres qui pourraient s'y rencontrer. Ces poteaux, dont les deux derniers portent des divisions métriques, sont surmoutés d'une pièce *c*, nommée chapeau, et servant aux mêmes usages à peu près que le mât de voltige. Cette pièce est elle-même formée par trois poutres réunies par un trait de Jupiter, et retenues par des colliers en fer. A ses deux extrémités sont placées des plates-formes composées de trois pièces *d*, *e*, *f*, (fig. 2), disposées en triangle, assemblées dans la poutre, et supportées par trois contrefiches, comme l'indique la partie du Plan B, et le profil (fig. 3). Cette charpente, dont les assemblages doivent être maintenus par des plates-bandes et des équerres en fer entaillées dans l'épaissenr des bois, est recouverte de forts madriers bien chevillés, ainsi qu'on le voit dans la partie A.

Les deux montans du milieu portent, à peu près aux deux tiers, des rainures dans lesquelles on peut faire glisser une pièce horizontale *h*, et la fixer à une hauteur déterminée au moyen d'un boulon que l'on passe dans les trous (fig. 1 et 6). Les plates-formes reçoivent sur leurs faces deux échelles de bois *k*, et sur chacun de leurs côtés quatre mâts verticaux. Les deux mâts *l* sont scellés en terre et fixés à la plate-forme au moyen d'un collier en fer, comme l'indique le détail (fig. 4 et 5). Les autres sont mobiles et se fixent au moyen de tire-fonds. Ces mâts, d'inégales hauteurs, ont aussi des diamètres différens.

Le premier mât *l* a 108 millimètres (4 pouces) de diamètre; le deuxième *m* 00,80 millimètres (3 pouces 3 lignes); le troisième *n* 00,61 millimètres (2 pouces 3 lignes); le quatrième *o* 00,59 millimètres (1 pouce 10 lignes).

Les échelles de bois sont fixées à la plate-forme au moyen d'une courroie en cuir passant dans une boucle de fer (fig. 4 et 5) et venant embrasser un des montans des échelles. Ces échelles ne doivent pas être semblables. La distance des échelons et leur grosseur doivent varier suivant l'âge des enfans auxquels elles sont destinées; car elles ne servent pas seulement à monter aux plates-formes, elles sont employées encore à exercer les bras et les mains. Les bâtons, faits de préférence en cornouiller, doivent être polis et tournés avec le plus grand soin.

On peut voir dans l'élévation et le détail (fig. 6) que le dessous du chapeau est garni de crochets en fer auxquels sont suspendus divers instrumens réunis par une corde de passage *q*. On y a figuré des perches vacillantes *r*, un trapèze *s*, une corde nouée *t*, et des échelles de cordes *v*, avec des échelons en bois. La pièce horizontale *h*, disposée pour les mêmes exercices, peut servir aux petits enfans.

6° Mâts verticaux.

Cette machine de gymnastique, dont l'usage est connu de tout le monde, se compose d'un système de 3 mâts établis à la base, comme l'indique la fig. 1, Pl. XIII, au milieu d'un fossé circulaire rempli de sable, et réunis entr'eux à la partie supérieure, ainsi que le montre l'élévation fig. 2. Ces mâts, qui ont ici 8 mètres (24 pieds) de haut, peuvent être de 3 diamètres différens ; le plus fort sera de 21 centimètres (8 pouces). Leur base, plus large et carrée, sera enfoncée dans le sol d'environ 1 mètre 20 centimètres après avoir eu soin de la carboniser pour empêcher son altération. L'extrémité en sera scellée à environ 60 centimètres de hauteur dans une maçonnerie de moellons recouverts d'une couche de terre bien battue. Le reste du fossé sera rempli par du sable fin. On peut voir cette construction dans la figure 2.

Ces mâts devant être exposés aux ouragans, demandent à être établis avec la plus grande solidité. A cet effet, leurs extrémités supérieures sont réunies entr'elles par des barres de fer disposées comme le présente la figure 3. Ces barres traversent d'un côté l'un des mâts et s'y fixent au moyen de l'écrou *a* (fig. 3, 4, 5), et de l'autre sont retenues par un collier en fer (fig. 3, 4, 5) entaillé dans l'épaisseur du bois et arrêté par des vis. Ce collier, composé de deux parties, vient assujettir la barre au moyen d'un boulon *b*. Au-dessus de cet assemblage est placée la poulie *g* (fig. 6) sur laquelle passe une corde destinée à aider les élèves (fig. 2). Les divisions métriques sont figurées par une ligne noire sur chacune des faces extérieures des mâts.

7° Table.

Cette table, de laquelle les élèves s'élancent pour sauter, est représentée (fig. 7, 8, 9, 10). Elle est composée de trois châssis verticaux disposés comme l'indique le plan (fig. 10), et consolidés par des écharpes (fig. 8 et 9). Ces châssis supportent une plate-forme carrée à angles arrondis de un mètre (3 pieds de côté) et placée à 1 mètre 78 centimètres (5 pieds 6 pouces) au-dessus du sol. Entre les deux châssis parallèles on place de deux côtés des marches disposées comme dans la plate-forme du mât de voltige, et qui servent à monter d'un côté et à descendre de l'autre (fig. 7 et 8); toutes les pièces de bois qui composent cette table ont 108 millimètres sur 54 (4 pouces sur 2).

8° Cheval de voltige.

Ce cheval de voltige, représenté latéralement (fig. 11), est en bois, rembourré et recouvert d'une peau sur laquelle sont fixées des anses *a* qui marquent les trousse-quins de la selle.

Pour le préserver du mauvais temps, on le recouvre, quand on ne s'en sert plus, d'une caisse en bois faite en forme de toit à deux égoûts (fig. 12 et 13). Les pieds *b* (fig. 14) sont scellés solidement, et un petit chemin *d* en platras battus ou en cailloux est pratiqué dans l'axe du cheval.

On doit observer, pour tous ces instrumens, que le bois qui les compose soit de chêne bien sec et bien sain; pour l'empêcher de s'altérer par l'action de l'air et de l'humidité, il faudra le recouvrir de trois couches de couleur à l'huile.

8° Fossé.

Le fossé destiné à sauter en largeur a une profondeur de 1 mètre (3 pieds). On lui donnera la forme d'un trapèze pour offrir une largeur différente dans chacun de ces points. Les côtés seront dressés en talus et recouverts d'une couche de cailloux bien battus et enduits avec du mortier de chaux et sable, de manière à former un revêtement solide que les pieds ne puissent continuellement faire ébouler.

Telles sont les Machines les plus élémentaires de la gymnastique. La planche XIV présente le plan général de leur disposition.

LOGEMENT DU MAITRE.

Le logement du maître doit être à proximité, et cependant tout à la fois indépendant de la classe. Il faut qu'il soit commode et sain. Il est dans l'intérêt bien entendu des communes d'avoir un surcroît de dépense, et d'offrir à l'instituteur une aisance qui puisse le dédommager de ses travaux, en lui donnant cette considération matérielle sans laquelle il ne peut y avoir que dégoût pour lui dans ses fonctions. Jusqu'ici, il faut l'avouer, on ne s'est guère enquis du bien-être de l'instituteur. Une pièce ou deux, dans un rez de chaussée, presque toujours malsain à la campagne, était tout ce qu'on lui abandonnait, sans supposer qu'il peut et même qu'il doit avoir de la famille. La nouvelle loi sur l'instruction primaire assimile son rang à celui de fonctionnaire public; mais il faut, pour qu'il prenne ce rang aux yeux des habitans de la commune, que la commune lui accorde une existence physique plus heureuse que celle du plus pauvre habitant.

Dans les petites communes, le maître étant ordinairement secrétaire de la mairie, il est juste de lui accorder en sus de son logement une pièce spéciale pour le dépôt des archives.

Une petite basse-cour et un jardin propre à contenir les plantes potagères et médicinales les plus nécessaires, formeront le complément de la maison d'École. Le maître pourra ainsi, dans ses heures de repos, mettre en pratique les principes d'agriculture qu'il aura reçus dans les Écoles normales, et contribuer à répandre dans les campagnes les méthodes qui y sont inconnues, tandis que les services qu'il sera à même de rendre en distribuant aux malades les simples qui leur sont nécessaires, l'environneront d'une considération aussi profitable pour lui que pour tous.

CHAPITRE V.

VENTILATION ET CHAUFFAGE DES CLASSES.

1° *Nécessité de la ventilation dans les classes.*

Personne n'ignore que l'air atmosphérique est le principal agent extérieur de notre organisation, et que c'est par sa décomposition continuelle dans nos poumons que la chaleur et le renouvellement du sang y entretiennent l'existence. Mais l'air, en cédant un de ses principes, devient impropre à la respiration; si, à cette première cause d'altération, on joint celle résultante du mélange de plusieurs gaz délétères qui se rencontrent dans les réunions nombreuses, et dont la malignité est encore augmentée par la nécessité d'une température suffisamment élevée, on jugera de quelle importance il est, pour notre bien-être physique, qu'un nouvel air vienne remplacer sans cesse celui que nos organes ont vicié. C'est ce mouvement continuel de l'air qu'on a pour but d'opérer dans la ventilation. Ce n'est pas une simple agitation comme celle causée par un éventail, c'est un déplacement continuel de l'extérieur à l'intérieur.

Il semblerait que ces premiers principes d'hygiène eussent dû, depuis long-temps, montrer la nécessité de procurer aux écoles publiques un système convenable de ventilation; car, certes, aucun édifice ne le réclame plus impérieusement. Cependant, il paraît qu'on n'a jamais pensé à remédier à cette cause d'insalubrité; en effet, les écoles que nous avons été à même de visiter dans la capitale, remarquables d'ailleurs par leur dimension et leur extrême propreté, sont tout-à-fait dépourvues de ventilation. Nous avons entendu les maîtres se plaindre de l'état de malaise où les met, surtout en hiver, une atmosphère chaude et saturée de vapeurs malsaines; nous avons remarqué sur le bureau de quelques-uns d'entre eux un vase rempli de vinaigre destiné à combattre cette influence, et cependant aucun effort n'a été tenté pour porter un remède immédiat à un pareil état de choses. Les sociétés qui s'occupent de l'instruction élémentaire ne devraient pas seulement étendre leur surveillance sur les méthodes d'enseignement, mais aussi sur les besoins matériels des écoles, sur les moyens d'améliorer la constitution des enfans pauvres, qui un jour doivent avoir besoin de toutes leurs forces physiques pour soutenir leur existence. Un air pur et sain est aussi nécessaire qu'une nourriture pure et saine ; comment donc ne point s'étonner que, dans une ville où des sociétés philanthropiques s'occupent aussi activement des moyens de soulager les classes inférieures et d'améliorer leur état physique, le moyen le plus actif, le plus indispensable de tous ait échappé à leur sollicitude?

Quelques écoles, cependant, sont pourvues de fenêtres formant vasistas, et il est vrai de dire que dans les classes où ce mode a été adopté aucune mauvaise odeur n'est venue nous frapper ; mais quelle alternative que celle d'être ou suffoqué, ou exposé l'hiver à une température qui ne dépasse guère trois degrés pour les trois-quarts de la classe !

C'est dans le but de diriger l'attention vers cette partie si importante, et pourtant si négligée de l'établissement des écoles, que nous avons consacré un chapitre à la ventilation.

La ventilation se compose de deux parties distinctes : l'évacuation de l'air vicié, et l'entrée de l'air destiné à le remplacer. Il est évident que la quantité d'air vicié est proportionnelle au nombre de personnes qui sont dans une salle.

D'après des observations exactes, on a reconnu qu'un individu bien portant faisait 20 inspirations par minute et aspirait chaque fois $0^{\text{litre}},656$, ou 787 litres par heure.

Cet air qui a servi une fois à la respiration pourrait de nouveau être respiré, car il a encore une grande partie de son oxygène, mais il est évidemment plus sain de le renouveler complètement. C'est donc ce nombre que nous adopterons.

Outre cette première cause d'altération de l'air, la

transpiration cutanée et pulmonaire émet des vapeurs qui en vicient une bien plus grande quantité, et pour que la ventilation soit suffisamment salubre, il faut qu'il arrive assez d'air pour renouveler celui qui a été altéré tant par la respiration que par la transpiration.

La quantité de vapeurs émises par la transpiration est de 80 grammes, en moyenne, par individu. L'air des classes devant être à 15°, chaque mètre cube dissolvant à cette température 13 grammes de vapeur d'eau, l'air nécessaire pour l'évacuer est de 6,15 mètres cubes par heure.

Ainsi, par individu et par heure, nous aurions 6m. cub.,937 : mais comme l'air n'est jamais sec et qu'une forte ventilation ici est nécessaire, nous compterons 8 mètres cubes (1). Si nous supposons une classe de 200 élèves, nous aurons à évacuer par heure 1600 mètres cubes d'air. C'est cette sortie de l'air vicié et son remplacement par de l'air neuf qu'une bonne ventilation doit opérer continuellement, sans changement de température qui puisse affecter péniblement les personnes qui se trouvent dans la salle.

Nous allons exposer les moyens d'y parvenir.

2° *Vasistas. — Fenêtres-Vasistas.*

Examinons d'abord comment on produit ordinairement la ventilation, et l'appareil le plus usité. Dans beaucoup de cas, le seul moyen qui se présente pour donner de l'air est l'ouverture d'une porte ou d'une fenêtre. Cependant on rencontre presque généralement maintenant l'appareil nommé vasistas, connu depuis long-temps, et modifié de différentes manières. C'est un carreau de fer-blanc ou de bois adapté à la partie supérieure d'une croisée, et que l'on peut ouvrir et fermer à volonté. Il doit se mouvoir de bas en haut, entre deux côtés taillés en triangle sur lesquels il puisse s'appuyer.

Telle est sa construction la moins défectueuse. Car,

(1) Nous prendrons ce nombre, quoique dans ces classes il n'y ait que des enfans et des adultes, car ils ne sont pas toujours d'une propreté parfaite, et d'ailleurs on pourra toujours modérer la ventilation.

alors du moins l'air extérieur, en vertu de sa pesanteur, ne vient pas tomber directement sur la tête des enfans. Mais ce procédé vicieux en hiver, à cause du froid glacial qu'il produit, est presque nul en été, à moins qu'à l'opposite on n'en ait pratiqué un semblable, ce qui peut être dangereux par le courant direct qui s'établit entre les deux ouvertures.

Les fenêtres vasistas ne sont qu'une modification de cet appareil. Le châssis tourne autour d'un axe horizontal placé au milieu de la hauteur, et forme ainsi une ouverture en haut et en bas. Il se trouve alors une issue pour l'air chaud et une autre pour l'air froid; mais quelque supérieur qu'il soit au vasistas ordinaire, c'est cependant encore un appareil bien défectueux; car, à moins d'avoir toutes les fenêtres ouvertes, la ventilation se fait d'une manière inégale, et le froid qui en résulte fait souvent préférer le manque d'air à la nécessité de souffrir une température insupportable.

3° *Principes de la véritable ventilation.*

Le principe de la véritable ventilation repose sur la propriété qu'ont les gaz d'acquérir par la chaleur une plus grande légèreté spécifique. Ce principe si simple, si anciennement connu des architectes, dont quelques-uns cependant ont indiqué les conséquences avantageuses, n'a guère trouvé son application en France, pour la ventilation, que depuis un petit nombre d'années. En parlant des cheminées qui fument, Ph. Delorme, au 17ᵉ siècle, avait heureusement exprimé qu'il ne pouvait y avoir évacuation de la fumée sans un *contre-poussement* du dehors au dedans.

C'est là, en effet, le principe que, deux siècles plus tard, M. Darcet a si bien appliqué à la désinfection des fosses d'aisances et à l'aération des ateliers insalubres.

Supposons (fig. 6, Pl. XV) un tube recourbé ABC, en forme de siphon et plein d'un liquide quelconque. Il est évident que le diaphragme placé en C, à la partie inférieure de la courbure et pressé des deux côtés par deux colonnes d'égale hauteur et d'égale densité, restera dans le repos. Mais voyons ce qui arriverait si le tube A était rempli d'un liquide plus léger que celui contenu dans le tube B; dans ce cas, le diaphragme sera poussé dans le sens qu'indique la flèche *a b*, et la colonne A s'élèvera jusqu'à ce que sa propre pression, plus celle de la partie du liquide de la colonne B passée en A, fasse équilibre à la portion restant dans la colonne B. Or, on peut, au lieu d'un liquide différent, supposer qu'une température plus élevée entoure le cylindre A, et dilate le liquide qui y est contenu. Si, par hypothèse, la chaleur reste uniforme, que les colonnes soient de même hauteur, et que le liquide se renouvelle dans la colonne B à mesure qu'il s'écoule par la colonne A, il y aura alors un mouvement continuel de B en A, puisque le liquide venant s'échauffer sans cesse dans la colonne A, sera toujours spécifiquement plus léger que dans la colonne B. Tel est le mouvement de l'air qui a lieu de l'extérieur à l'intérieur d'une salle, quand les températures sont différentes, et qu'on a pratiqué les issues convenables. Dans ce cas, la colonne B est l'extérieur, la colonne A l'intérieur, et le liquide est remplacé par l'air.

4° *Orifices d'entrée et d'évacuation ; règles pour déterminer leur dimension.*

Nous avons vu que la ventilation était produite par une différence de température ; ainsi, pour qu'elle puisse s'effectuer en été, il faudra chauffer l'air à évacuer, la température de la salle différant peu de celle de l'air extérieur. En hiver, l'excès de température de l'air de la salle produirait bien une évacuation, mais souvent elle ne serait pas suffisante, et nous l'augmenterons, comme nous le verrons plus loin, par la disposition des appareils de chauffage. Cherchons maintenant la section des orifices d'évacuation.

La quantité d'air évacué en une seconde est égale à cette section multipliée par la vitesse d'écoulement. Connaissant la quantité d'air vicié, la hauteur de la cheminée et la longueur du circuit de la fumée avant d'y arriver, les températures intérieure et extérieure, un certain nombre constant et qui varie suivant que la cheminée est en briques, ou en tôle, on trouve cette section en l'appelant D^2, par la formule (1).

$$\text{Log. } D = \tfrac{1}{5}\,(2 \text{ log. } A + \text{log. } L - 2 \text{ log. } C - \text{log. } P)$$

Log. A est le logarithme du volume d'air à évacuer par secondes.

Log. L est le logarithme de la longueur des circuits de l'air de ventilation depuis son entrée dans le calorifère jusqu'à sa sortie de la cheminée d'appel.

Log. C est le logarithme du coefficient constant. Si la cheminée d'appel est en tôle C, est égal à 14,43. Si elle est en briques, C est égal à 9,12.

Log. P est le logarithme de P, et P est égal à h. 0,00375 $(t'-t)$. h étant la hauteur de la cheminée d'appel à partir du sol, t' la température de l'air intérieur, t celle de l'air extérieur.

Un exemple qui sera présenté plus loin indiquera la manière de se servir de cette formule.

Le nombre que l'on trouvera pour D donnera la section D^2. Mais ce sera le minimum de section; il sera toujours bon de la prendre un peu plus grande.

On prendra pour $t' - t$ la plus petite valeur possible, c'est-à-dire pour t la plus haute température extérieure.

5° *Disposition des orifices d'évacuation. — Modérateur.*

Un lieu convenable en général pour placer l'orifice d'évacuation est le centre du plafond. Si la classe est vaste, on fera bien de faire divers orifices placés en diverses parties et communiquant par des tuyaux situés au-dessus du plafond avec un orifice central dont la section sera trouvée au moyen de la formule qui précède.

Comme on a calculé cette section de l'orifice pour le cas le plus défavorable, on a dû, par conséquent, la faire la plus grande possible; on évacuerait trop d'air lorsque la température extérieure serait moindre que celle pour laquelle on l'a calculée. Il en résulterait une plus forte dépense

(1) Cette formule est l'expression de nombreuses observations (M. Peclet, *Traité de la chaleur*).

de combustible pour chauffer la salle pendant l'hiver. Pour remédier à cet effet (fig. 2, Pl. 15) on suspend au-dessous de l'orifice destiné à livrer passage à l'air vicié une espèce de disque circulaire qui, au moyen de poulies de renvoi, peut s'élever ou s'abaisser. Comme la surface qui laisse échapper l'air vicié est alors une surface cylindrique dont la base est la circonférence de l'orifice, en élevant ou en abaissant le disque on diminue ou on augmente la surface du cylindre, et par conséquent la section d'écoulement. C'est ce système qu'on appelle un modérateur (1). La plus grande hauteur de la surface d'écoulement, c'est-à-dire la plus grande distance entre le disque et l'orifice, est déterminée par la condition que cette hauteur multipliée par la circonférence de l'orifice soit égale à la section trouvée pour le minimum de différence entre les températures t' et t. On en déduit la règle suivante :

Pour avoir la plus grande hauteur de la surface d'écoulement, divisez la section par le double produit du rayon de cette section et du nombre 3,1415 (2).

Eclaircissons ceci par un exemple.

Supposons que la section de l'orifice ait été trouvée de 20 décimètres carrés, le rayon est :

$$\sqrt{\frac{0,20}{3,1415}} = 0^{m}\ 25 \text{ centimètres.}$$

La plus grande hauteur de la surface d'écoulement donnée par la règle ci-dessus est

$$\frac{0,20}{2(3,1415\ 0,25)} = 0^{m}\ 127 \text{ millimètres.}$$

(1) Ce moyen de ventilation était connu chez les Romains, qui l'employaient dans leur laconimum ou étuve. Voici la description qu'en donne Vitruve, liv. V, chap. X : « Un jour sera ménagé dans la voûte, et au-dessous on « suspendra par des chaines un disque d'airain. La température de l'étuve « sera réglée par l'élévation ou l'abaissement du disque. »

(2) Soit a la surface de l'orifice circulaire, R le rayon, et h la plus grande hauteur de la surface d'écoulement, on a $h = \frac{a}{\text{cir. } a}$, et en mettant pour cir. a sa valeur, il vient $h = \frac{a}{2 \cdot R \times 3.1415}$.

Voyons maintenant le mode d'exécution. On pratique au centre et dans l'épaisseur du plafond (fig. 1 et 2) une ouverture circulaire A. C'est cette ouverture qui donne issue à l'air vicié.

Cet air vicié est porté au-dessus du toit par une cheminée ou tuyau de tôle cylindrique (B); et comme, outre la contraction de la veine, on a observé par des expériences directes (1) que la quantité de l'air évacué était de beaucoup diminuée par le frottement contre les parois, on compensera sensiblement cet effet en élargissant le tuyau au-dessus de l'orifice, mais en ayant toutefois la précaution de rétrécir la partie supérieure, comme l'indique la fig. 5, pour éviter les contre-courants.

Le tuyau débouchera dans une cage en bois (C), peinte en noir, ouverte des quatre côtés, et fermée en dessus. Chaque ouverture est garnie d'un volet mobile (D), ferré à charnière dans sa partie supérieure. Les volets opposés sont maintenus deux à deux par une tringle en fer à un degré d'ouverture convenable, comme on le voit dans la coupe (fig. 2); quand le vent souffle d'un côté, il ferme un des volets et ouvre l'opposé. C'est un moyen, comme on le voit, de se garantir des effets du vent qui, dans certain temps, pourrait empêcher le mouvement de l'air vicié.

Dans la détermination de la vitesse de l'air, nous avons supposé que la température de la cheminée restait la même. Or, il est évident qu'il n'en serait pas ainsi si l'on se contentait d'un seul tuyau de tôle; car la tôle absorbant beaucoup de chaleur, et se refroidissant très facilement, l'air arrivé à l'extrémité du conduit se trouverait à une température beaucoup plus basse qu'à son entrée, et perdrait ainsi une partie de sa vitesse. Il y a un moyen bien simple d'empêcher ce refroidissement: c'est d'entourer le tuyau d'une seconde enveloppe (E). Cette enveloppe se fera en planches de sapin et sur un plan carré. Le vide laissé entre le tuyau et l'enveloppe communiquera par une section (F) pratiquée dans le plancher avec l'air de la classe. Ce vide sera donc rempli d'air échauffé, et,

(1) Peclet, *Traité de la Chaleur.*

comme celui qui aura la plus haute température montera à la partie la plus élevée, là justement où l'air vicié se trouverait le plus refroidi, il en résultera que les deux effets se compenseront, et que l'expérience pourra se trouver d'accord avec la théorie. Il n'est pas besoin d'ajouter que le vide doit être fermé à la partie supérieure.

Nous allons maintenant entrer dans quelques détails sur la construction du modérateur. Ce modérateur, représenté fig. 4, peut être fait en tôle peinte à l'huile et de la couleur du plafond. Il doit être d'un diamètre plus grand que l'orifice d'évacuation, et légèrement recourbé à partir de sa circonférence (*ab*), égale à celle de l'orifice A. Comme l'air en s'écoulant par la partie comprise entre le plafond et la circonférence *a b* pourrait être retardé par son affluence de tous côtés vers le centre, nous pensons qu'on pourrait y remédier en donnant au dessus du modérateur la forme d'une espèce de surface conique dont la génératrice serait une ligne concave; l'air se trouverait ainsi amené en s'écoulant le long de cette courbe à prendre une direction verticale à l'entrée du tuyau d'évacuation. Une tringle verticale en fer, fixée au dessus du modérateur et passant dans les colliers placés dans le tuyau, vient s'attacher à la corde au moyen de laquelle on élève ou abaisse à volonté le modérateur.

Voyons maintenant comment, au moyen de ce système, on pourra régler la ventilation suivant la température. Ayant trouvé la plus grande hauteur de la surface d'écoulement, c'est-à-dire la distance *x y*, qui est ici de 0^{m} 127 millimètres, on attache la corde fixée à la tige du modérateur après une petite poulie G, dont l'axe traverse le tuyau L et son enveloppe, et dont la circonférence est ici égale à 0^{m} 127 millimètres. Cet axe porte au-dehors de l'enveloppe une roue K, dont la circonférence sera toujours de 1 mètre, ou le rayon de 318 millimètres, autour de laquelle s'enveloppe la corde *m n*, qui, au moyen de poulies de renvoi, descend le long du mur de la classe, en passant dans une petite caisse dont le maître a la clef; à l'extrémité de la corde est un contre-poids P, qui doit faire équilibre au modérateur.

Il est évident que, lorsque la petite roue G aura fait un tour entier, le modérateur aura parcouru les 127 millimètres dans lesquels doit s'opérer toute la ventilation ; en même temps, la grande roue K aura fait aussi un tour, et le poids P se trouvera ainsi descendu d'un mètre. Si donc maintenant nous avons une règle de 1 mètre, sur laquelle nous marquions des divisions correspondantes aux différences des températures extérieure et intérieure, et que nous fassions sur la corde du modérateur un point de repère *a*, se rapportant à la première division de la règle, ou à la plus petite différence de température, en faisant descendre ce point *a* aux différentes divisions, nous élèverons le modérateur dans une égale proportion, et nous aurons ainsi le moyen de régler notre ventilation suivant la différence des températures.

La division exacte de cette règle serait très difficile. Le maître s'apercevra facilement si l'évacuation d'air est trop forte ou trop faible, et il fera monter ou descendre le disque en conséquence.

Nous avons dit qu'on devait placer les orifices de sortie au plafond, mais on pourrait très bien, si l'on avait déjà une salle construite où il y eût une cheminée, faire servir cette cheminée à l'évacuation de l'air vicié, pourvu que sa section ne fût pas trop petite ; on ferait alors arriver l'air chaud du côté de la classe opposé à la cheminée. En hiver, il est indifférent que les orifices d'écoulement de l'air vicié soient près du sol comme ceux de l'introduction de l'air dans la salle, et en été c'est avantageux.

6° *Orifices destinés à l'arrivée de l'air.*

Les orifices destinés à l'entrée de l'air dans les classes doivent être placés près du sol ; ils doivent être en assez grand nombre pour que la ventilation ait lieu partout. Une disposition convenable consisterait à les placer en *m* (fig. 6) contre la face verticale de caisses en bois qui pourraient servir de bancs tout autour des classes et dans lesquelles passerait l'air.

Il est nécessaire que ces ouvertures *m* soient un peu grandes, car s'il en était autrement, l'air sortant avec rapidité ferait des jets désagréables. Comme elles sont placées au niveau du plancher, elles devront être garnies d'un treillis en fils d'archal. L'air neuf se distribuera dans les caisses placées le long des murs de la salle au moyen de rigoles x, y (fig. 1) formées par l'espace de deux lambourdes. Cet air arrivera dans ces rigoles par des conduits k k communiquant avec le calorifère placé en dessous des classes, comme nous le verrons plus loin.

Nous faisons remarquer que par cette disposition il n'y aura rien à changer pour l'entrée de l'air en été, car en hiver l'air neuf arrive dans les salles par ces conduits après avoir été chauffé au calorifère, et en été il n'y a aucun inconvénient à lui faire suivre la même circulation.

7° *Ventilation et chauffage pendant l'hiver.*

Nous avons vu que 8 mètres cubes d'air étaient nécessaires par individu pour une ventilation salubre. Il est évident qu'en hiver l'air de ventilation doit être échauffé avant d'entrer dans les classes. Nous chaufferons donc toute cette quantité d'air dans le calorifère à une température un peu supérieure à celle que doit avoir la salle : nous disons un peu supérieure, parce que l'air sera refroidi par le contact des vitres.

On appelle calorifère tout appareil destiné à chauffer l'air de ventilation. Ils peuvent varier beaucoup de forme. Un de ceux qui sont le plus employés, mais qui n'est pas très facile à construire et est assez cher à établir, est le calorifère dit de Désarnod.

C'est celui qui a été construit à l'école des filles et garçons, rue de l'Homme-Armé. Une somme assez considérable a été dépensée pour cet appareil, destiné à chauffer les deux classes. Mais le résultat ne semble pas avoir dédommagé assez promptement des dépenses qu'il a nécessitées. Aussi ne trouve-t-on plus qu'une voix pour accuser les calorifères, et pour faire ressortir les inconvéniens de ceux qu'on a établis. L'économie, même en combustible, économie qui, suivant les renseignemens qu'on nous à communiqués, est comme 3 est à 7, avec un chauffage bien supérieur, n'a pu même leur faire trouver grâce. On a remarqué que l'air de la classe semblait pesant, et que la chaleur, nulle en certains endroits, était insupportable dans d'autres.

Cependant les calorifères sont généralement employés avec succès, et l'usage en est excellent quand ils sont bien établis. Il faut donc chercher la cause de défaveur portée à l'essai qu'on en a fait rue de l'Homme-Armé, non dans le système des calorifères, mais dans la manière dont l'air est échauffé et distribué dans celui dont il est question. L'air, en effet, y est porté à une température très élevée, et cet air échauffé n'arrive que par des orifices situés aux deux extrémitées de la classe. Aussi, dans ces parties, la chaleur est intolérable. Il est évident qu'on fait disparaître cet inconvénient en faisant un plus grand nombre d'orifices d'entrée, émettant un plus grand volume d'air, tel, par exemple, qu'il ne soit échauffé au maximum qu'à 20° par le calorifère, et en prenant la précaution, quand l'air extérieur est déjà sec, de placer dans les conduits où passe l'air chaud avant son arrivée dans la classe, deux ou trois vases remplis d'eau. Cela doit se faire avec toute espèce de calorifères. Le volume d'air à échauffer est déterminé par le nombre d'individus, et le calorifère doit être calculé pour ne le porter qu'à la température indiquée.

Voici la description du calorifère Désarnod, à peu près semblable à celui qui est rue de l'Homme-Armé, et dont l'effet sera toujours avantageux quand ses dimensions seront convenables (fig. 2 et 3).

Ce calorifère est placé dans un caveau divisé en deux étages. C'est dans l'étage le plus bas qu'est placé le foyer A; ce foyer a la forme d'une cloche; sa partie inférieure est munie d'une grille circulaire, sur laquelle on met le combustible. Une gueule E, fermée par une porte à coulisse, sert à l'introduire. C'est sur l'espace U qu'on dépose le charbon, pour empêcher la chaleur de se perdre par la porte. Lorsque la porte est fermée, elle empêche tout-à-fait l'air de s'introduire; le combustible peut ainsi s'échauffer par degrés, et acquérir la température nécessaire à la combustion quand on le poussera sur la grille. On doit alors le remplacer par une nouvelle provision; au-dessous de la grille est placé le cendrier D. Ce cendrier a une ouverture par laquelle s'introduit l'air frais, qui se porte sur la grille, passe à travers ses barreaux, et vient entretenir la combustion.

L'air échauffé, mêlé des gaz dégagés de la combustion,

monte par un collet B dans une première lanterne C, en fonte, et redescend par six tuyaux F dans une chambre inférieure ou gargouille E, placée autour de la cloche, et dont l'enceinte extérieure doit être formée de matériaux mauvais conducteurs ; elle y prend une nouvelle quantité de calorique, remonte de là par cinq autres tuyaux G, plus larges, dans une seconde lanterne H, et de là se rend par un tuyau dans la cheminée d'évacuation. Tout cet appareil est recouvert, jusqu'à la naissance de la calotte sphérique, par une enveloppe formée soit avec de bonnes briques, soit avec une maçonnerie de pierres ponces ou de tuf. La calotte, qu'on doit pouvoir enlever quand il sera nécessaire, sera formée par une double épaisseur de tôle dont l'intervalle sera remplie soit de charbon pilé, soit de sciure de bois sèche, de son, etc., d'une épaisseur de deux pouces environ, en ayant soin de ne pas trop presser la matière dans la place qu'elle occupe.

L'air extérieur, amené sous cette enveloppe par un ou plusieurs conduits, s'échauffe par le contact et le rayonnement du calorique de la cloche ainsi que des tuyaux, se rend dans la partie supérieure de l'enveloppe, et de là, par des tuyaux à double enveloppe, comme pour la calotte, dans des conduits placés sous le plancher de la classe, et munies d'ouvertures treillagées pour permettre à l'air échauffé de sortir.

Les ouvertures d'entrée de l'air froid dans le calorifère doivent avoir la même section que celle calculée pour l'écoulement de l'air vicié, et être munis de registres afin de pouvoir augmenter ou diminuer la section, selon que le tirage est plus ou moins fort par les variations de la température extérieure.

Nous remarquerons qu'on doit toujours faire passer le tuyau d'évacuation de la fumée dans celui d'évacuation de l'air vicié, afin d'augmenter sa vitesse d'écoulement en élevant sa température.

On ne peut songer à construire dans les grands établissemens que des appareils analogues à celui que nous venons de décrire. En voici un autre qui certainement est moins avantageux, parce que la plus grande partie de l'air échauffé ne parcourant, avant son émission dans la salle, aucun chemin vertical, n'y est pas poussé comme dans la disposition précédente. Cette construction cependant serait moins chère : c'est pourquoi nous la donnons. Cet appareil est représenté (fig. 4, pl. 15). Le foyer A est semblable à celui du calorifère précédent, mais la cloche, au lieu d'être en fonte, est en briques réfractaires disposées de manière que la fumée et la vapeur ne puissent s'échapper. Les produits de la combustion se dégagent par un tuyau de cheminée en briques B placé dans un des murs de la classe ; ce tuyau doit avoir au moins 3 mètres de hauteur ; à son extrémité la fumée entre dans deux tuyaux en tôle qui retournent à gauche et à droite dans les caisses à air dont il a été parlé. Le foyer aura une seconde enveloppe C où l'on ménagera des vides D communiquant avec l'air extérieur. Cet air s'étant échauffé par le contact des parois en briques du foyer, se rendra dans la classe au moyen d'un tuyau T entouré de corps mauvais conducteurs. La figure 5 indique le détail de la coupe d'une caisse à air. *a* est le tuyau ; *b* l'intérieur de la caisse ; *c* le conduit qui amène l'air extérieur sur le tuyau au moyen d'ouvertures *o* (fig. 1 et 7, pl. 15) pratiquées dans les murs de la salle ; *d* les ouvertures treillagées par lesquelles il se disperse dans la salle après s'être échauffé par le contact des tuyaux. Chaque ouverture *d* doit se trouver entre deux des conduits *c* pour que l'air ait le temps de s'échauffer. Si l'on n'avait pas de caisses à air, et que l'air de ventilation arrivât dans un conduit placé sous le plancher, on pourrait l'échauffer de cette manière : on fait au-dessous des évents *e* (fig. 6), placés entre les lambourdes, une rigole de 9 pouces de large sur 4 de haut, et on en formera un conduit avec des briques posées à plat dans le fond et de champ dans les côtés ; on les scellera avec de bonne argile, après avoir préalablement mis une couche de charbon pilé entre les briques et le blocage ; le dessus sera formé par des plaques de tôle ou de fonte. L'air frais arrivant par les évents *e* s'échauffera par le contact des plaques métalliques, et sortira par des trous percés de distance en distance dans les frises du plancher, ou par un treillis, si la pièce est carrelée. Il est entendu que la fumée, après avoir ainsi échauffé l'air de ventilation, se dégagera par un tuyau placé dans le canal d'écoulement de l'air vicié.

Des dispositions de calorifères autres que celles que nous venons de décrire pourraient également bien convenir. Mais c'est toujours au moyen d'appareils placés au-dessous du sol des classes qu'il convient de chauffer l'air de ventilation dans les grands établissemens, où une grande ventilation est nécessaire.

8° *Application des règles de ventilation et de chauffage.*

Nous allons faire l'application des principes que nous avons exposés à la ventilation et au chauffage d'une classe de 100 élèves.

Le volume d'air nécessaire pour une bonne ventilation étant de 8 mètres cubes par heure et par individu, il nous faudra chauffer 800 mètres cubes d'air à une température suffisante pour que l'intérieur de la classe soit à 15°. L'air pour cela sera introduit à une température de 20°, à cause du refroidissement causé par les vitres.

Nous supposerons que l'air extérieur est à 5° au-dessous de zéro, température la plus basse dans l'hiver pour une grande partie de la France. Il faudra donc échauffer cet air de 25° avant de l'introduire dans les salles. L'air demande quatre fois moins de chaleur que l'eau pour s'échauffer au même nombre de degrés.

Un kilog. de charbon de terre produit 4000 unités de chaleur.

Nous devons porter à 25° 800 mètres cubes d'air qui pèsent 1040 kilog. ; il faudra donc $\frac{1040.25}{4} = 6468$ unités de chaleur par heure.

Ainsi $\frac{6468}{4000}$ = le nombre de kilog. de houille à brûler par heure : c'est 1 kil.,6 (1).

Pour avoir la surface de chauffe, nous nous appuyons sur ce que 1 mètre carré de surface de tôle laisse passer par heure 2000 unités de chaleur dans les calorifères. Pour le cas qui nous occupe, il faudra $\frac{6468}{2000}$ mètres carrés de surface de chauffe, c'est-à-dire 3m,50 décim. carrés. Avec un pareil

(1) Dans ces appareils, nous comptons que 1 kilog. de charbon de terre laisse passer 4000 unités de chaleur ; 1 kilog. de bois, 2000 ; 1 kilog. de tourbe, 2000.

Connaissant le prix de ces différens combustibles, on peut facilement déterminer celui qui reviendrait à meilleur marché dans une localité donnée.

calorifère, il suffira de donner au tuyau à fumée $0^m,15$ de diamètre. Nous ferons observer que les grilles des foyers doivent être assez petites pour être constamment couvertes de combustible. Ici la grille devrait avoir 3 décimètres carrés.

Cherchons l'orifice d'évacuation de l'air vicié. Nous supposons que la hauteur du sol au plafond est de 5 mètres, et la hauteur du canal d'écoulement de 4 mètres, à partir du plafond : ce qui fait 9 mètres pour la colonne d'air chaud.

Nous prenons donc la formule

$$\text{Log. } D = \tfrac{1}{5} (2 \log. A + \log. L - 2 \log. 14,43 - \log. P.)$$

A est le volume d'air à la température intérieure de 15° à évaluer par seconde. C'est donc $\frac{845}{3600}$ mètres cubes d'air à évacuer.

$$P = h. \ 0,00375\,(t' - t).$$

h est la hauteur 9 mètres. Nous prendrons $t' = 15^\circ$.

Si on est en hiver, la plus grande valeur de t serait bien 10°; mais comme le tuyau à fumée est supposé passer dans le canal d'évacuation de l'air vicié, nous mettrons 10° pour la valeur de $t' - t$ dans la formule; car le tuyau à fumée donnera encore de la chaleur.

On trouve alors, A étant égal à

$$\frac{800\,(1 + 0,00375\,t')}{3600} = \frac{845^{\text{m. cub.}}}{3600} = 0^{\text{m. cub.}},234,$$

la valeur du diamètre D, en mettant dans la formule, pour les lettres, les nombres qui leur correspondent.

A est le volume d'air à évacuer : c'est 0,234 mèt. cubes. Il faut prendre son logarithme et le multiplier par 2.

L est la longueur du circuit total de l'air chaud. Nous supposerons $5^m + 9^m$ pour cette distance, car h a été supposé de 9 mètres.

On prendra donc le logarithme de 14.

14,43 est le coefficient constant. On prend son logarithme, et on le multiplie par 2.

P est égal à h 0,00375. $10^\circ = 0,3375$. On prend son logarithme.

Nous avons :

$$\text{Log.} D = \tfrac{1}{5}(2 \log. 0,234 + \log. 14 - 2 \log. 14,43 - \log. 0,3375.)$$

$$\log. 0,234 = \bar{1},3692 \qquad \log. 14,43 = 1,1592$$
$$\bar{1},3692 \qquad 1,1592$$
$$\log. 14 = 1,1461 \qquad \log. 0,3375 = \bar{1},5282$$
$$s = \bar{1},8845 \qquad s' = 1,8466$$

prenant la différence $s - s'$ on a

$$(\bar{1},8845) - (1,8466) = \bar{2},0179$$
$$\log. D = \tfrac{1}{5}\,\bar{2},0179 = \bar{1},6036$$

Le nombre correspondant à $\bar{1},6036$ est $0^m,4015$.

Ainsi D^2 étant la section de l'orifice A, la valeur de D est $0^m,4$; et le rayon de cet orifice, s'il était circulaire, se trouverait ainsi :

$$\pi r^2 = 0,16^{\text{m. carrés}} \quad r = \sqrt{\frac{0,16}{3,1415}}$$

La plus grande distance du disque à l'orifice est 0,5, calculée d'après la règle donnée : divisez la section par le double produit du rayon 3 du nombre 3,1415.

Nous n'avons trouvé que $1^{\text{kilog.}},36$ de charbon de terre à brûler par heure ; mais dans la première heure de chauffage il faudra brûler une quantité au moins double pour chauffer l'appareil.

Ce sera une approximation suffisante dans la pratique que de prendre des nombres proportionnels à ceux que nous avons trouvés pour tout autre nombre d'élèves.

Ceci suppose que la hauteur de la cheminée et celle de la salle sont les mêmes que celles de l'exemple.

9° *Ventilation pendant l'été.*

En été, la température intérieure de la salle diffère peu de la température extérieure, et comme le tuyau du calorifère qui passait dans le canal d'écoulement n'élève plus la température de l'air à évacuer, il faudra avoir un nouveau moyen d'effectuer la ventilation. Nous amènerons l'air extérieur dans la salle par les mêmes conduits qui y amenaient l'air échauffé en hiver.

On disposera un petit poêle en fonte dans le canal même d'écoulement de l'air vicié, si cela est possible, ou bien à côté (fig. 1, pl. 15), et son tuyau à fumée pourra être le même que celui qui servait en hiver à la fumée du calorifère. On le chauffera avec un combustible lent, tel que de la tourbe ou du tan. Quant à la quantité de combustible qu'on devra consommer, elle dépend des températures extérieure et intérieure. Il la faudra toujours capable d'élever l'air qui sort à une température supérieure de 10° à celle de l'air extérieur, la section de l'orifice d'écoulement étant la même qu'en hiver.

La fig. 3 représente la disposition de cet appareil dans le cas où il y aurait déjà une cheminée ordinaire établie dans la salle. Cette disposition est même préférable pour la ventilation en été, parce que le foyer de chaleur étant placé moins haut, la hauteur qui produit le tirage est plus grande, et on y fera une moins grande dépense de combustible pour produire la ventilation nécessaire. En voici la description :

a, petit poêle en fonte placé dans la cheminée, qui est fermée par un mur en briques de l'épaisseur de 0,1 à peu près; *o* est une ouverture un peu plus grande que la porte du poêle et dans laquelle celle-ci vient s'ouvrir. Le combustible est placé dans le poêle sur une grille, et la petite porte qui amène l'air pour la combustion est placée au-dessous. La fumée de ce poêle se rend dans le tuyau *b* à fumée du calorifère. Le poêle *a* est porté sur quatre pieds assez élevés pour le placer au-dessus de l'ouverture *d* qui évacue l'air vicié au moyen de la cheminée *p*.

10° *Des poêles.*

Quand les classes ne compteront que 40 à 50 élèves, il serait trop dispendieux de faire un des calorifères que nous avons indiqués. On pourra le remplacer par un poêle-calorifère placé dans la classe même. La figure 1re, Pl. 16, présente un de ces poêles.

Il se compose :

D'un foyer A.

D'une cavité B.

D'une chambre supérieure C.

Et d'une enveloppe extérieure.

Le foyer A est formé par une boîte en fonte, soutenue au moyen de tasseaux en briques. La plaque supérieure est légèrement courbée pour diminuer l'action de la flamme sur la fonte. C'est sur la plaque inférieure qu'est déposé le combustible. Ce foyer a une porte tournant sur des gonds, et dans cette porte est pratiquée une petite ouverture à coulisse. C'est cette ouverture qui permet à l'air d'entrer pour alimenter la combustion ; elle doit être placée de manière à ce que l'air traverse entièrement le combustible. Dans la plaque opposée est l'orifice du tuyau d'évacuation T. L'enveloppe D est formée par une construction en briques liées avec de l'argile, ou par des plaques de terre cuite. Le vide B est destiné à contenir de l'air ; il est divisé par deux diaphragmes *m n*, *o p*, ayant des ouvertures *r*, *s* ; ces diaphragmes, qui occupent toute la largeur du poêle, sont en plaques de fonte. L'air, qui est alimenté par un conduit communiquant avec l'extérieur et dont l'issue, divisée par un grillage, est pratiquée sous la plaque inférieure du foyer, est lancé par la pression extérieure sur cette même plaque, monte entre le diaphragme *m n*, les parois du poêle et ceux du foyer, s'y échauffe, acquiert un nouveau degré de chaleur sur la plaque supérieure, sort par l'orifice *r*, descend par l'orifice *s* dans la cavité G, s'y charge de l'excès de calorique contenu dans le tuyau, et se rend de là, par l'issue X, soit dans un conduit spécial fait comme nous l'avons indiqué, soit dans les caisses à air, où son mélange avec l'air frais porte celui-ci à une température convenable. Une chambre H est placée dans la partie supérieure du poêle ; l'air s'y échauffe par le contact du diaphragme *v t*, et sort par plusieurs bouches de chaleur.

Comme avec les appareils précédens, le tuyau de fumée doit passer dans le tuyau d'appel de l'air vicié.

Quant aux poêles en fonte, nous n'en parlerons pas. De la manière dont ils sont établis, leur usage doit être proscrit dans les classes, car ils ne réunissent pas les conditions nécessaires pour échauffer et ventiler en même temps. Ils répandent d'ailleurs une trop grande chaleur seulement à une petite distance autour d'eux, et le reste de l'espace est loin d'être suffisamment échauffé.

FIN.

TABLE GÉNÉRALE DES MATIÈRES

PAR ORDRE ALPHABÉTIQUE.

FIN.

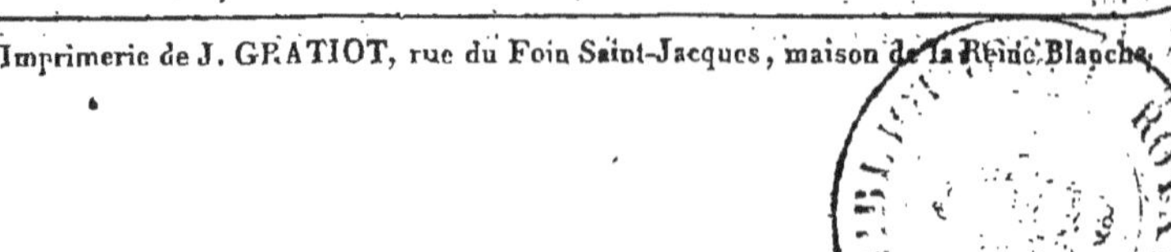

Imprimerie de J. GRATIOT, rue du Foin Saint-Jacques, maison de la Reine Blanche.

BIBLIOTHEQUE ROYALE
T

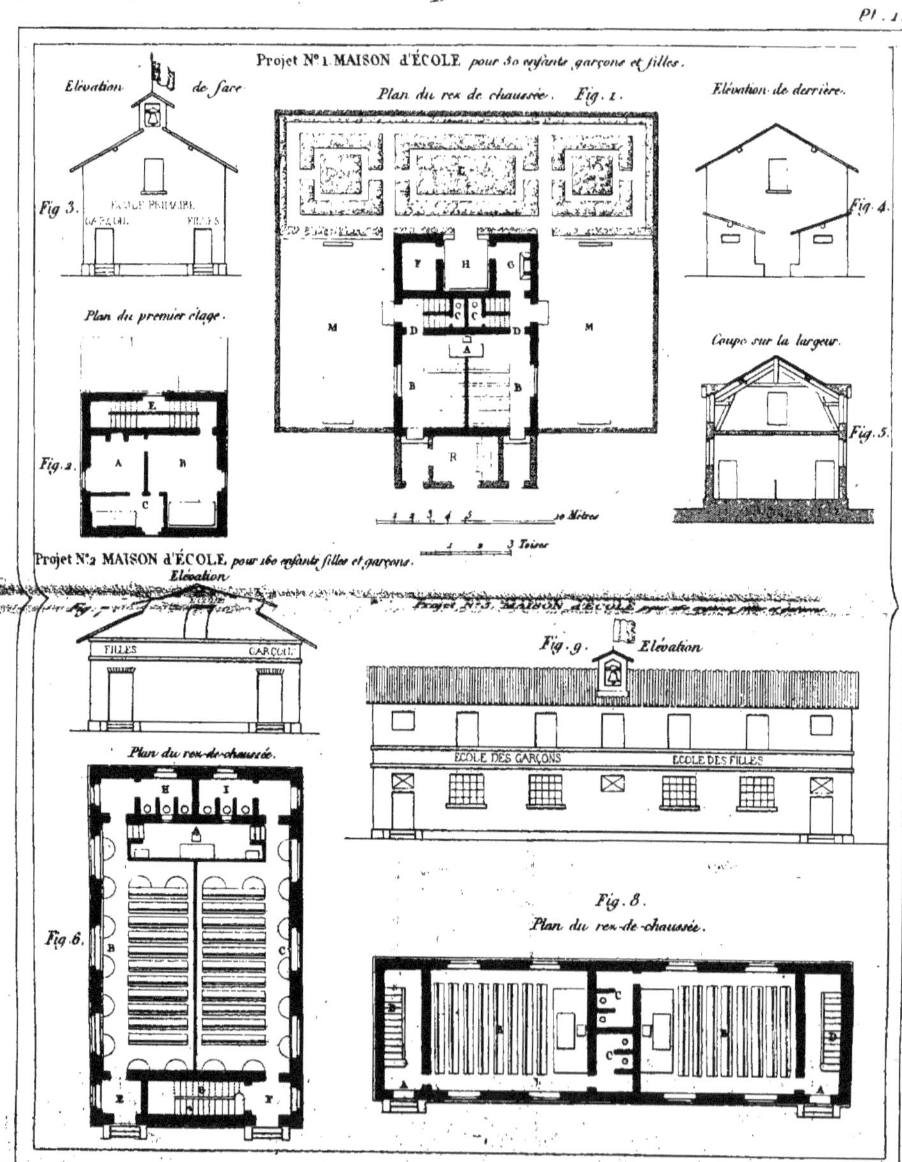
Projet N° 1. MAISON d'ÉCOLE pour 50 enfants garçons et filles.
Élévation de face
Plan du rez de chaussée. Fig. 1.
Élévation de derrière.
Fig. 3.
ÉCOLE PRIMAIRE
GARÇONS
FILLES
Fig. 4.
Plan du premier étage.
Coupe sur la largeur.
Fig. 2.
Fig. 5.
10 Mètres
3 Toises
Projet N° 2 MAISON d'ÉCOLE pour 160 enfants filles et garçons.
Élévation
FILLES
GARÇONS
Fig. 9.
Élévation
ÉCOLE DES GARÇONS
ÉCOLE DES FILLES
Plan du rez-de-chaussée.
Fig. 6.
Fig. 8.
Plan du rez-de-chaussée.
Bouillon Archit.
Normand fils sc.

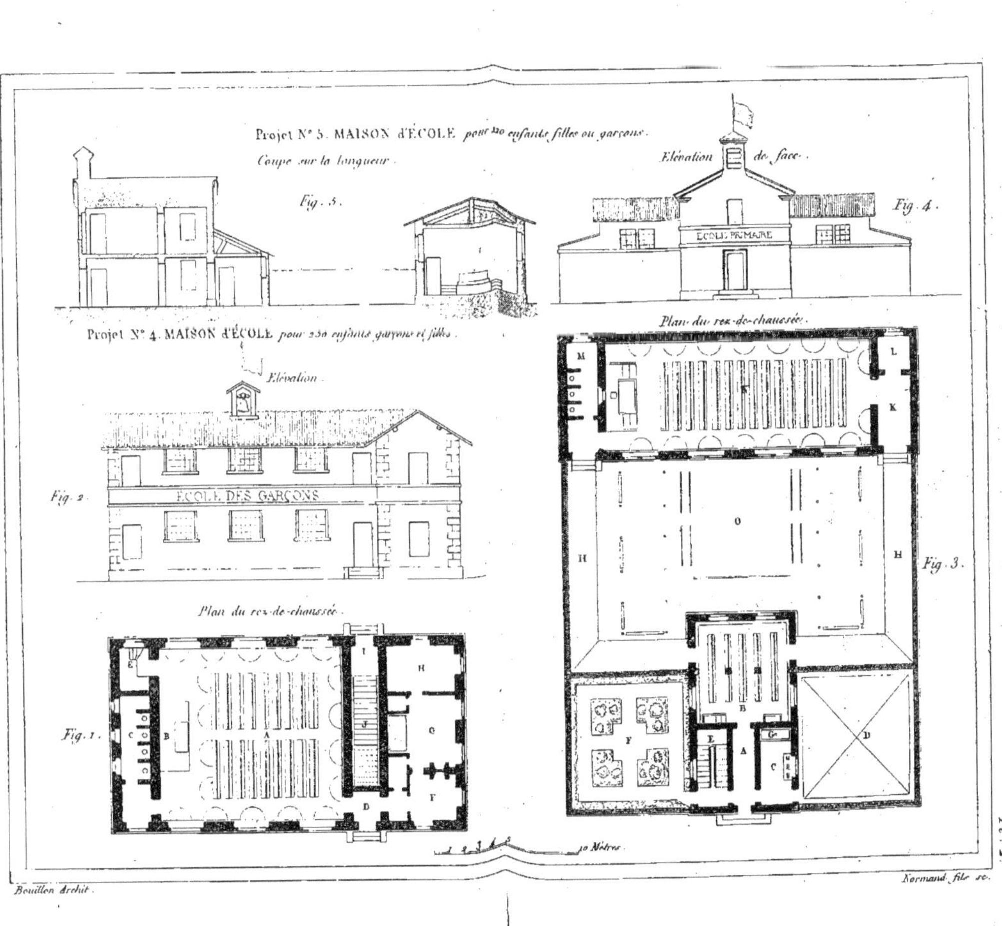
Projet N° 5. MAISON d'ÉCOLE pour 120 enfants filles ou garçons.
Coupe sur la longueur.
Fig. 5.
Élévation de face.
Fig. 4.
ÉCOLE PRIMAIRE
Projet N° 4. MAISON d'ÉCOLE pour 250 enfants garçons et filles.
Élévation.
Fig. 2.
ÉCOLE DES GARÇONS
Plan du rez-de-chaussée.
Fig. 1.
Plan du rez-de-chaussée.
Fig. 3.
10 Mètres.
Pl. 2.
Bouillon Archit.
Normand fils sc.

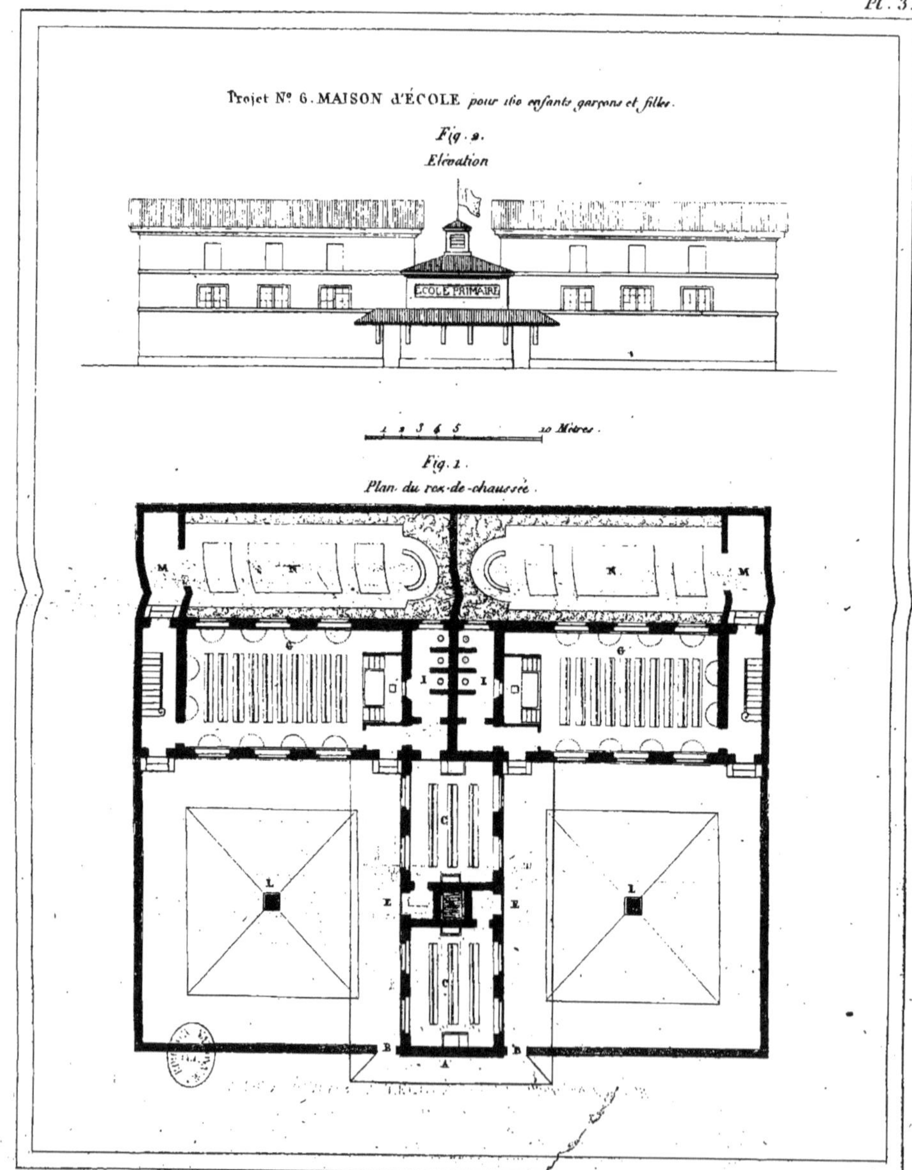

Bouillon Archit.

Normand fils sc.

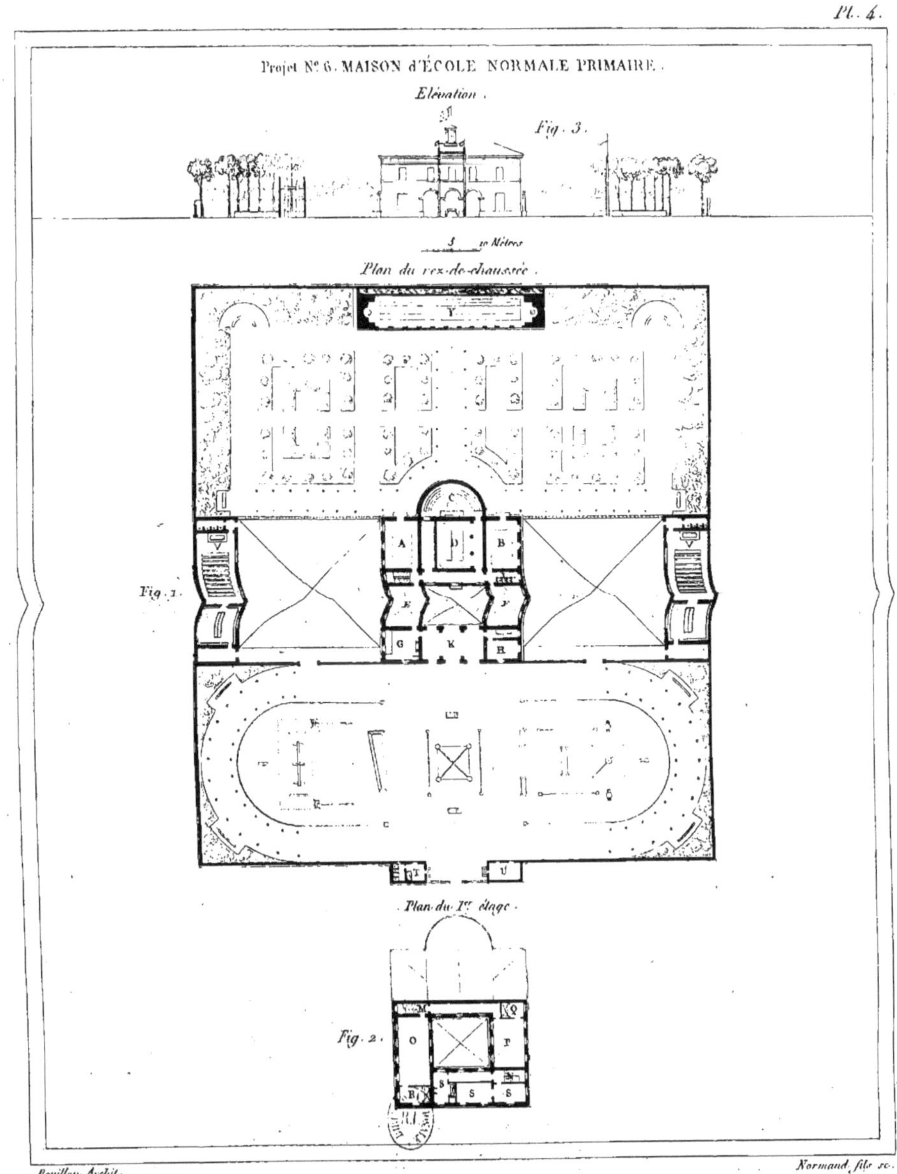

Bouillon Archit.

Normand, fils sc.

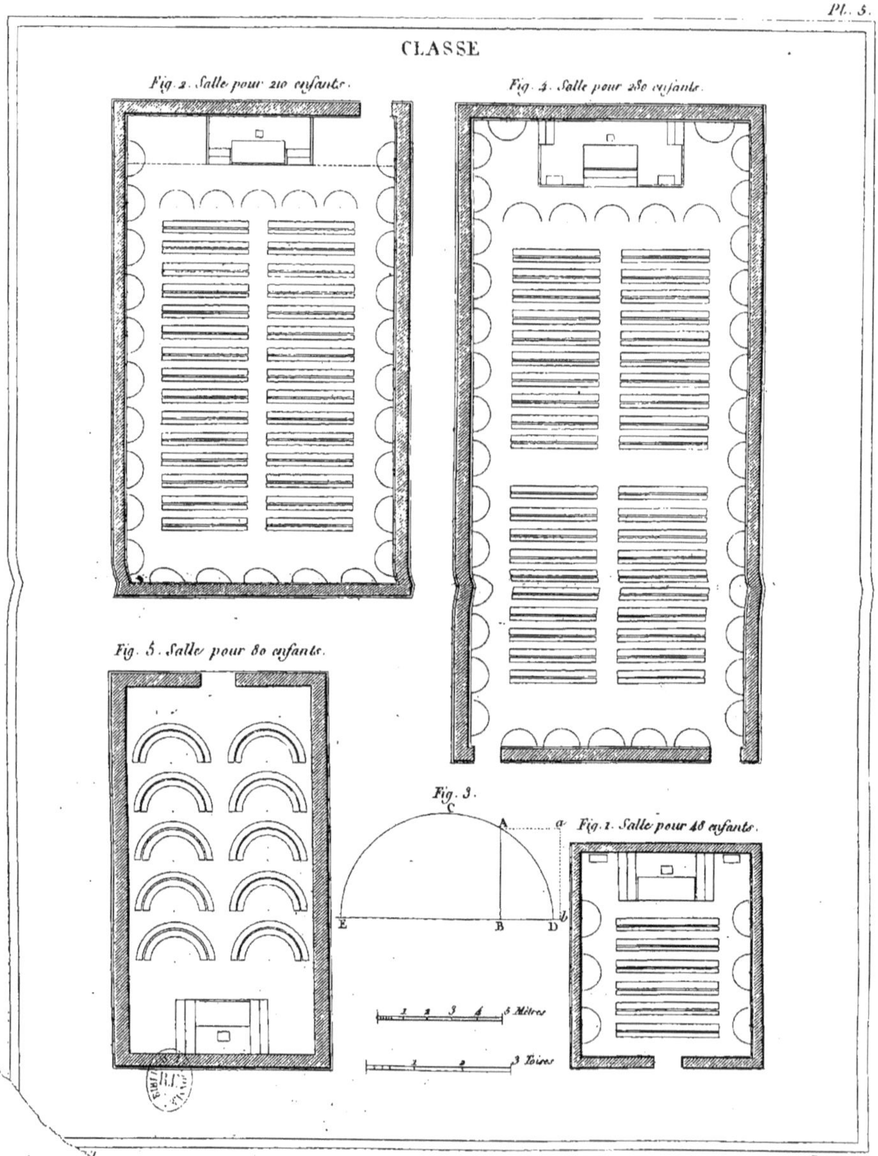

CLASSE

Fig. 2. Salle pour 210 enfants.
Fig. 4. Salle pour 280 enfants.
Fig. 5. Salle pour 80 enfants.
Fig. 3.
C
A
a
E
B
D
b
Fig. 1. Salle pour 48 enfants.
1 2 3 4 5 Mètres
1 2 3 Toises
Pfitzer sc.

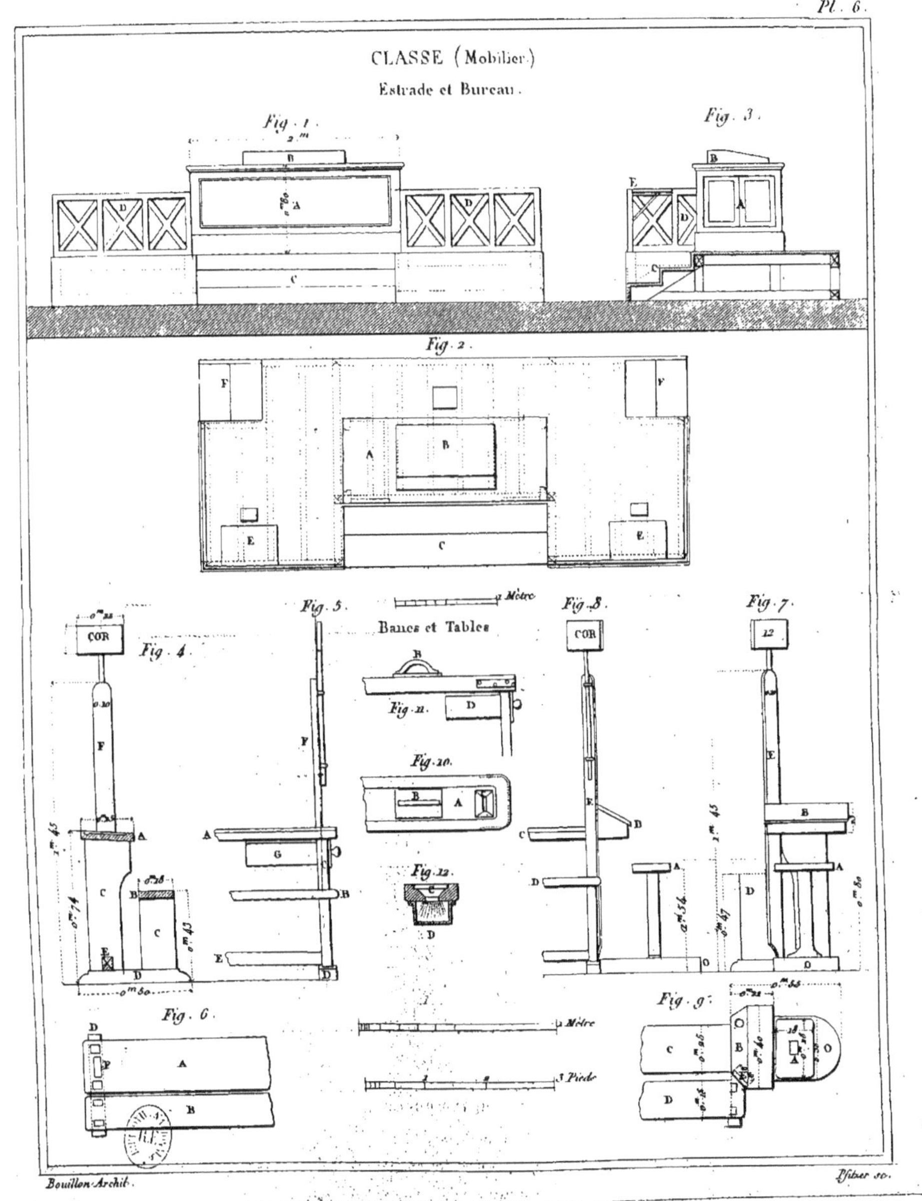
CLASSE (Mobilier.)
Estrade et Bureau.
Fig. 1.
Fig. 3.
Fig. 2.
Fig. 5.
Fig. 8.
Fig. 7.
Fig. 4.
Bancs et Tables
Fig. 11.
Fig. 10.
Fig. 12.
Fig. 6.
Fig. 9.
1 Mètre
3 Pieds
COR
Bouillon Archit.
Pfitzer sc.

CLASSE

Coupe sur la largeur.

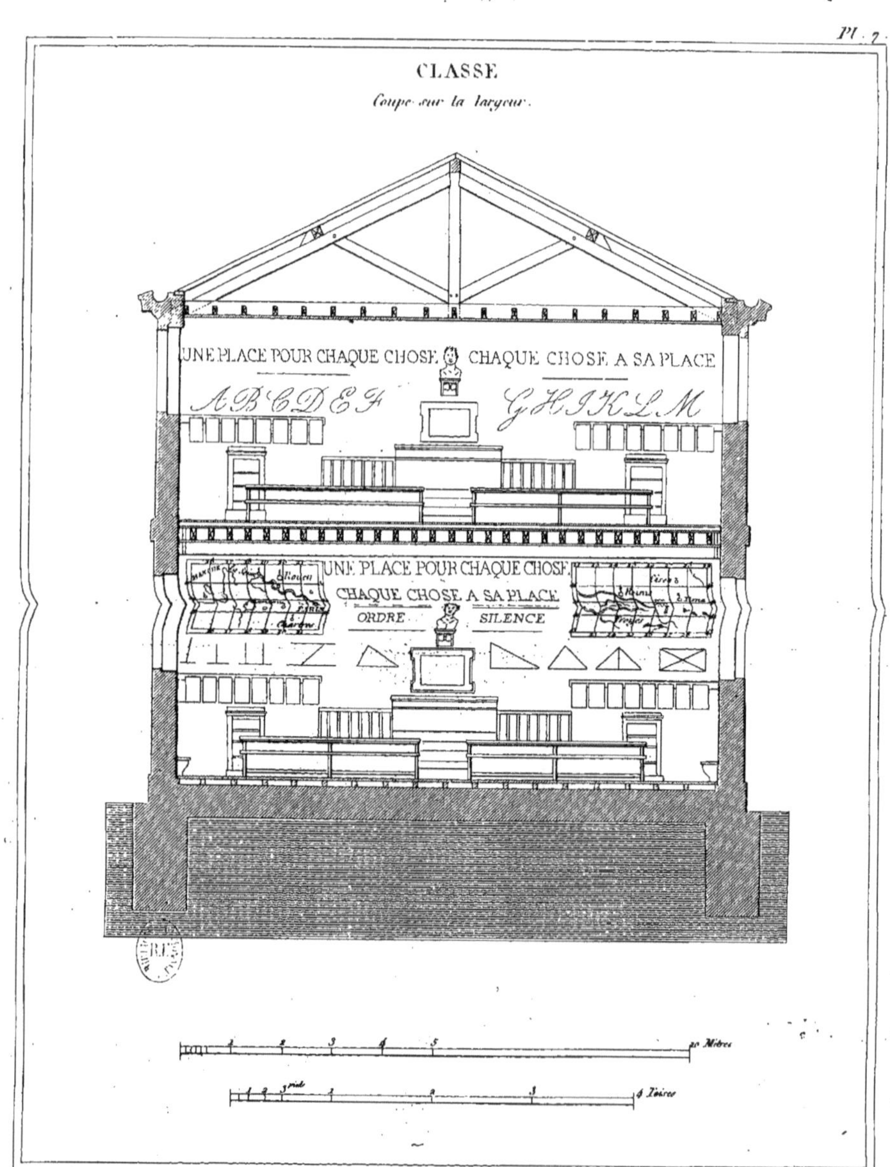

Bouillon Archt.

Pfitzer sc.

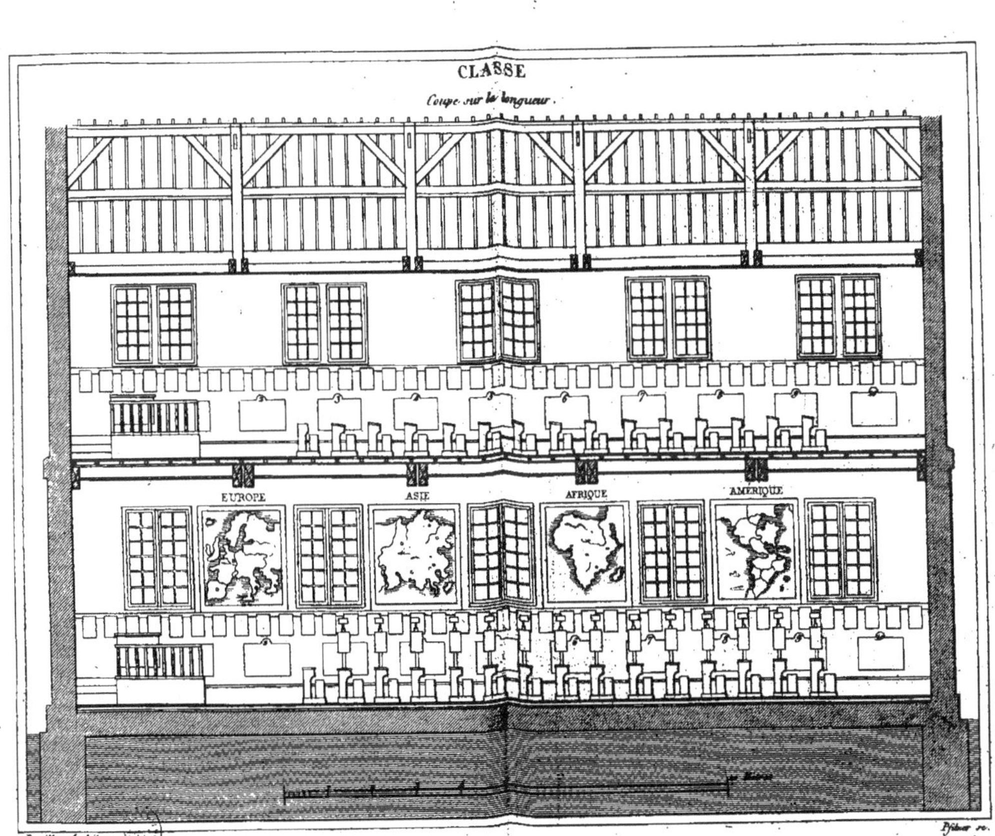
CLASSE
Coupe sur la longueur.
EUROPE
ASIE
AFRIQUE
AMÉRIQUE
Bouillon Archit.
Pl. 8.

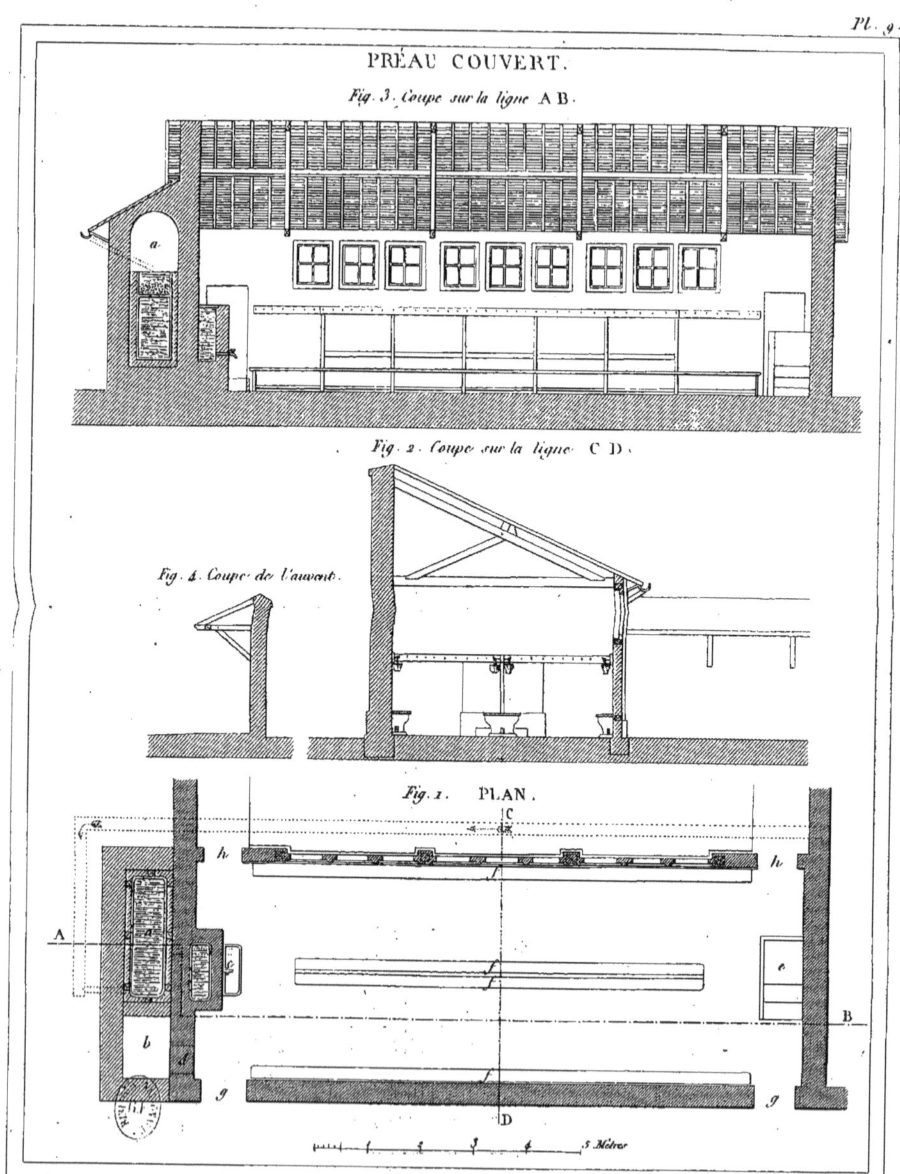

Bouillon del. Normand, fils sc.

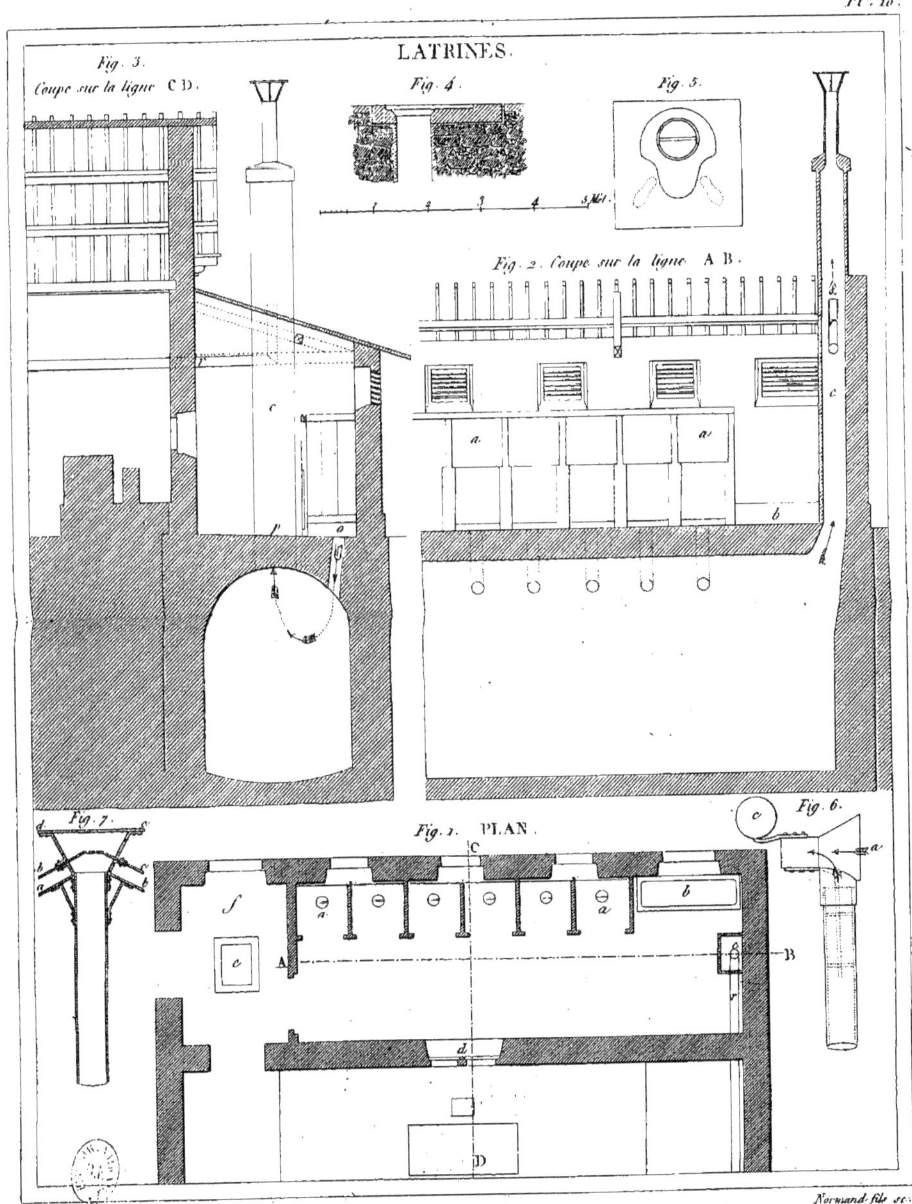
LATRINES.
Fig. 3.
Coupe sur la ligne C D.
Fig. 4.
Fig. 5.
Fig. 2. Coupe sur la ligne A B.
Fig. 7.
Fig. 1. PLAN.
Fig. 6.
Bouillon del.
Normand fils sc.

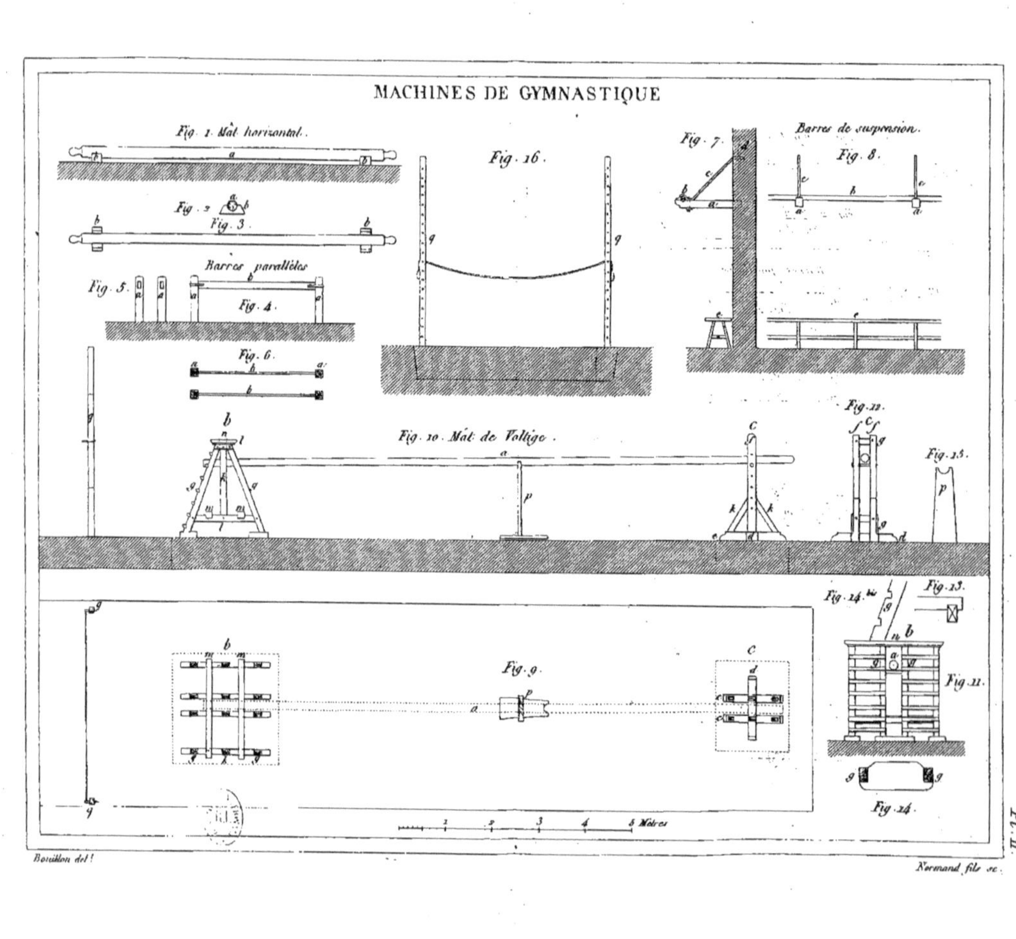
MACHINES DE GYMNASTIQUE
Fig. 1. Mât horizontal.
Fig. 2
Fig. 3.
Barres parallèles
Fig. 5.
Fig. 4.
Fig. 6.
Fig. 16.
Fig. 7.
Barres de suspension.
Fig. 8.
Fig. 10. Mât de Voltige.
Fig. 12.
Fig. 15.
Fig. 14.
Fig. 13.
Fig. 11.
Fig. 9.
Fig. 14.
1 2 3 4 5 Mètres
Bouillon del.
Normand fils sc.
Pl. II.

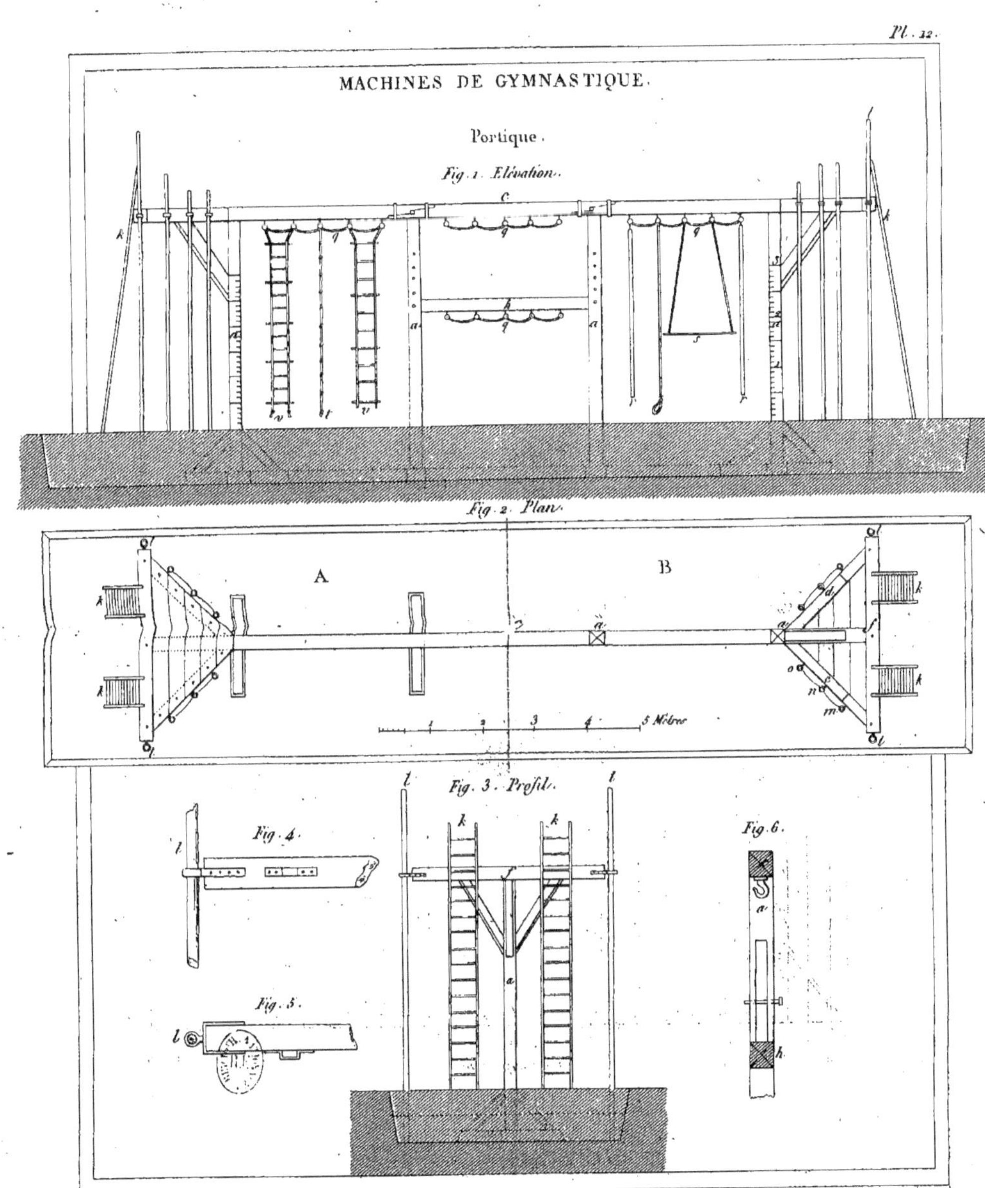

Bouillon del.

Normand fils sc.

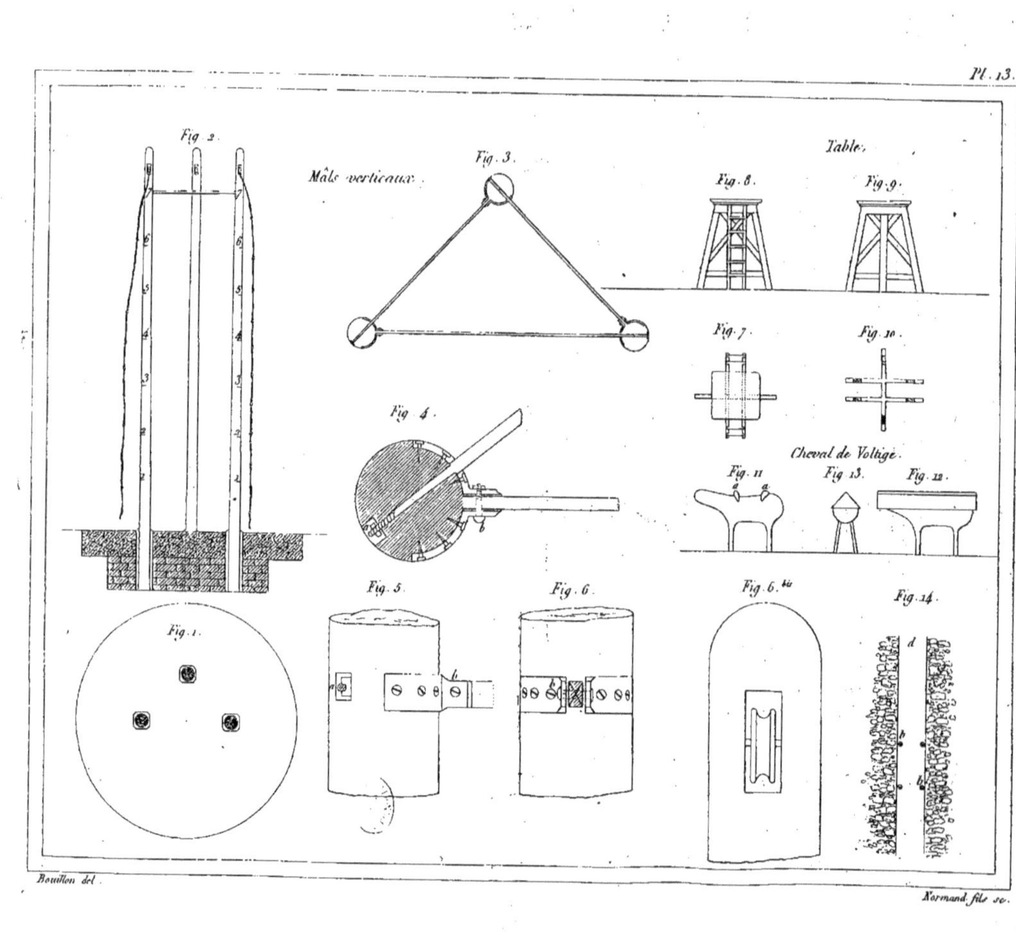
Fig. 2.
Mâts verticaux.
Fig. 3.
Table.
Fig. 8.
Fig. 9.
Fig. 7.
Fig. 10.
Fig. 4.
Cheval de Voltige.
Fig. 11
Fig. 13.
Fig. 12.
Fig. 5.
Fig. 6.
Fig. 6. bis
Fig. 14.
Fig. 1.
Bouillon del.
Normand fils sc.

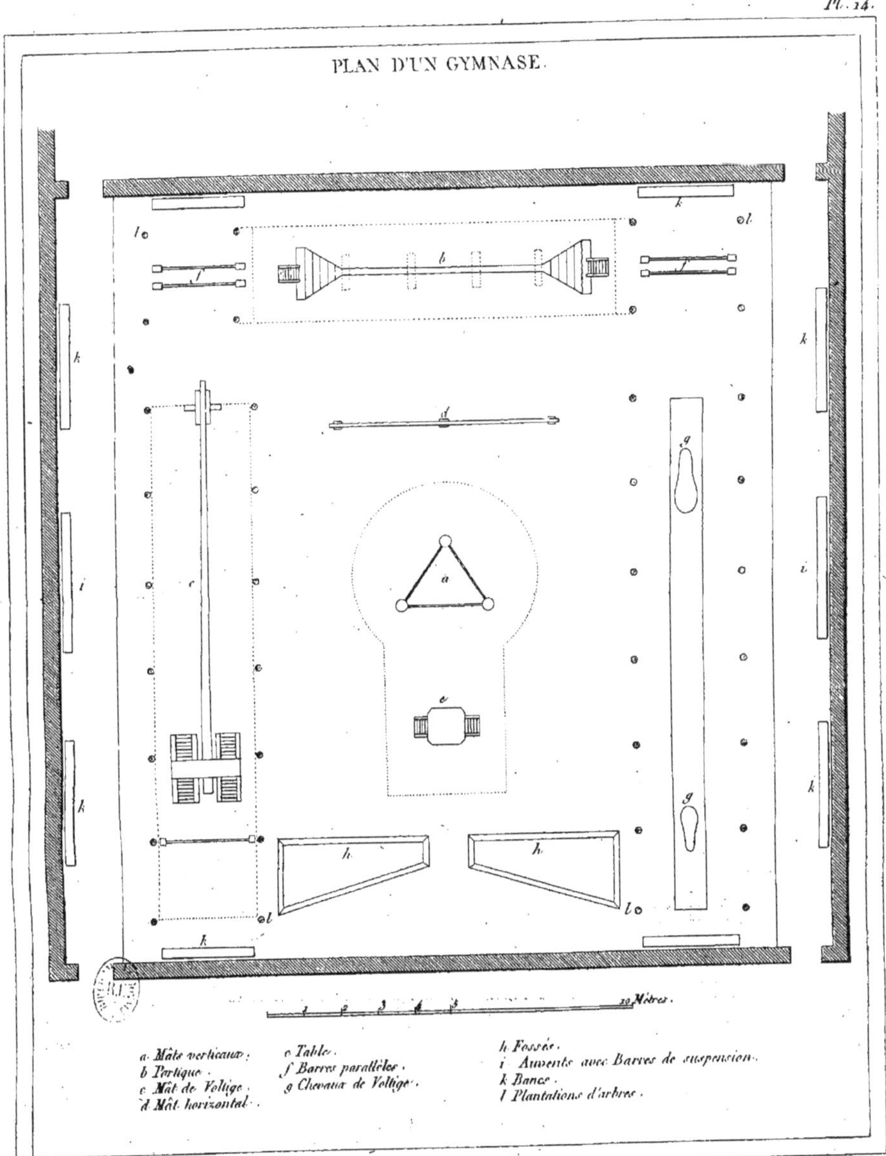

Bouillon del. Normand fils sc.

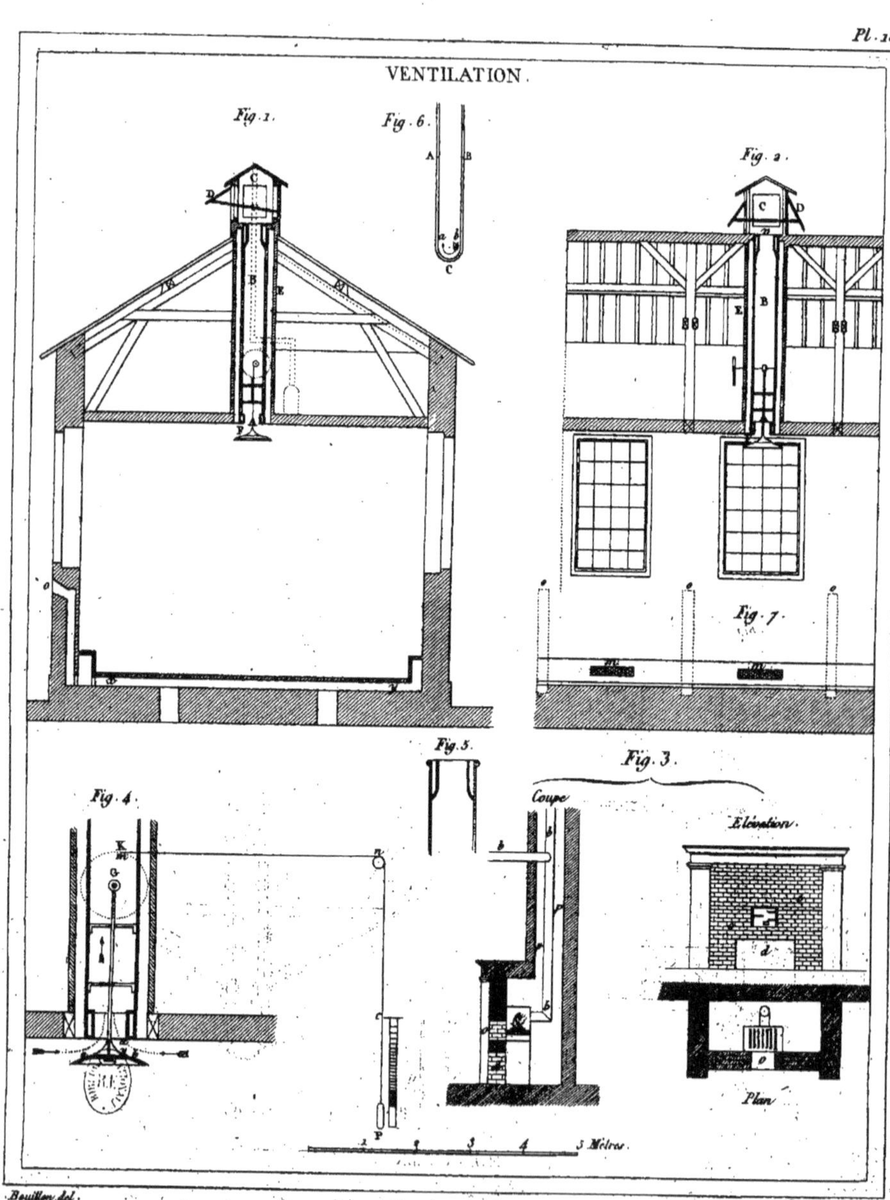

Bouillon del.

Normand fils sc.

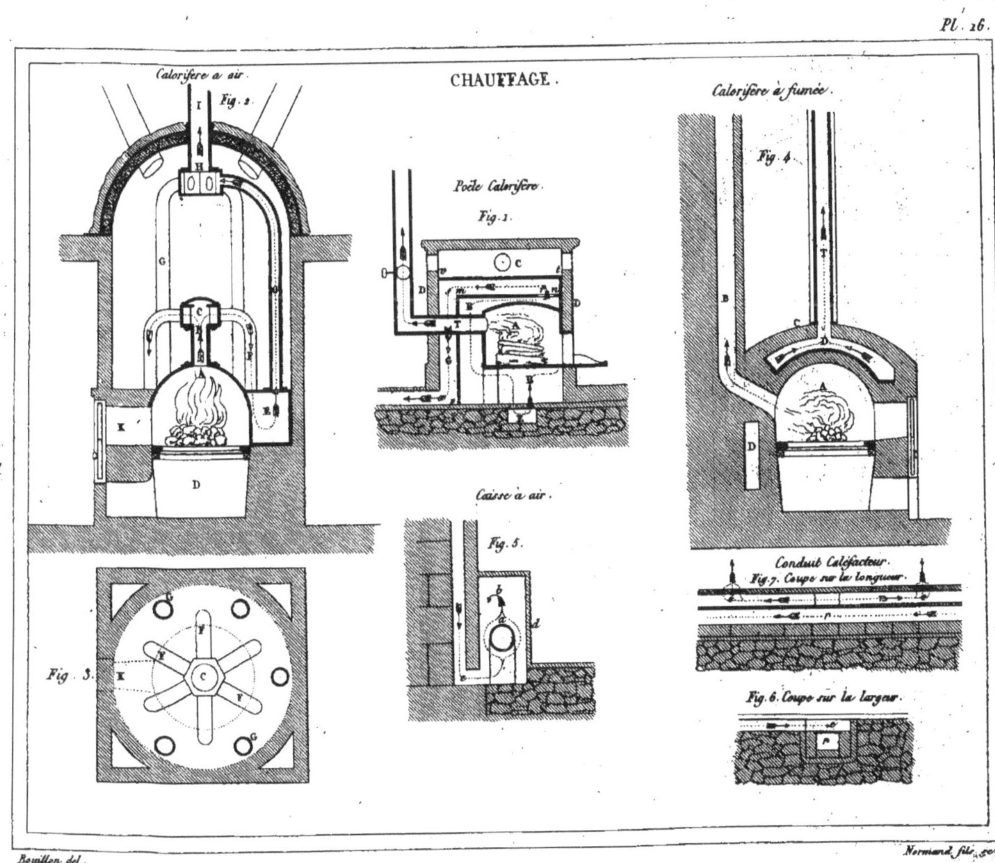

Bouillon del.

Normand fils sc.

www.ingramcontent.com/pod-product-compliance
Lightning Source LLC
LaVergne TN
LVHW020342230826
846091LV00003B/952

* 9 7 8 2 0 1 3 6 1 0 6 1 2 *